NICKI BORELL

disruption

Impressum

© Nicki Borell 2015

1. Auflage

www.disruption.onl

Lektorat: Tatjana Seebach und Martha Peplowski

Coverdesign: Jeannette Zeuner, BookDesigns, www.bookdesigns.de

Coverbild: © http://www.studio-luenn.de

Buchsatz & Layout: Jeannette Zeuner, BookDesigns

Herstellung und Verlag: tredition GmbH, Hamburg

Bibliografische Information der Deutschen Nationalbibliothek:
Die Deutsche Nationalbibliothek verzeichnet diese Publikation in der Deutschen Nationalbibliografie; detaillierte bibliografische Daten sind im Internet über http://dnb.d-nb.de abrufbar.

978-3-7323-4893-0 (Paperback)
978-3-7323-4894-7 (Hardcover)
978-3-7323-4895-4 (e-Book)

NICKI BORELL

disryption

Das Spiel mit Technologien und Paradigmen

Psychologie, Philosophie, Technologie

Next Generation Portals

SharePoint, Office 365, Windows Azure

Inhalt

TEIL 1

TEIL 2

… Frage in die Runde:
"Wer von Ihnen glaubt, dass Enterprise Social funktioniert hat?"
– keiner meldet sich …

Jack Welch, CEO von General Electric von 1981 bis 2001:
"if the rate of change on the outside exceeds the rate of change on the inside, the end is near".

Die IT-Lösungen, die im privaten Umfeld heutzutage genutzt werden, sind deutlich fortschrittlicher und innovativer als die IT-Lösungen vieler Unternehmen. Im Sinne des Zitats von Jack Welch wird es also höchste Zeit für Unternehmen, aktiv zu werden.

Setup

Christian Glessner, SharePoint MVP

Disruption and the Responsive Organisation

Seit mittlerweile 11 Jahren berate ich Kunden hinsichtlich SharePoint basierten Zusammenarbeitslösungen. In diesen 11 Jahren hat sich die Welt extrem verändert. Nur die meisten Firmen nicht! Sie basieren auch heute noch weitgehend auf hierarchischen Modellen, die zur Zeit der industriellen Revolution entstanden sind. Diese Organisationformen sind dazu optimiert, effizient und in sehr großen Massen gleichbleibende oder ähnliche Produkte zu produzieren. Sie sind starr, unflexibel und können nur sehr schlecht auf Veränderung reagieren.

Disruption

Im Gegensatz dazu haben sich die Märkte und Konsumenten stark verändert. Das Internet, Smart Phones und Cloud Computing haben die klassische Ökonomie auf den Kopf gestellt und die Erwartungen und die Bedürfnisse der Konsumenten verändert. Während die technische Innovationskurve und mit Ihr zusammen die Erwartung der Konsumenten nahezu exponentiell steigen, scheinen die firmenkulturellen und politischen Innovationskurven hingegen nur sehr langsam und linear zu steigen. Je größer die Fläche zwischen den Kurven wird, desto höher das Potential für eine sogenannte Disruption. Disruption bedeutet in diesem Zusammenhang eine Zerstörung, ein Zusammenbrechen von einem Markt, einer Branche oder eines Monopols. Der Begriff gehört fest in den Wortschatz des Silicon Valley, der weltweiten Hochburg für Software- Innovationen. Dort wird praktisch täglich diskutiert, wie man mit neuen Innovationen, neuen Apps und neuen Plattformen alte Märkte oder Branchen zerschlagen kann. Das Wort Disruption gilt in den USA sogar schon als Buzzword.

Eine Disruption konnten wir gut in der Musikindustrie durch das Aufkommen des MP3-Formats beobachten. Nehmen wir zum Beispiel die Firma Tower Records. Tower Records wurde 1960 in Kalifornien gegründet und war sehr erfolgreich im Einzelhandel mit Schallplatten, Kassetten und später CDs. Die Firma hatte ihren Höhepunkt 1999 mit einem Umsatz von ca. 1 Milliarde Dollar. 2004, nur 5 Jahre später war Tower Records zum ersten Mal bankrott. Ungefähr zum Höhepunkt von Tower Records kam Napster, eine Musik-Filesharing-Plattform, ins Spiel und 2003 iTunes von Apple mit einem kommerziellen Ansatz für Musikverkauf über das Internet. Hätte Tower Records auf das Feedback der Konsumenten in den Plattenläden reagiert, statt es zu ignorieren, und rechtzeitig in Online-Musikplattformen investiert, hätte der Bankrott wahrscheinlich verhindert werden können. Diejenigen, die heute – nach der Disruption – am meisten in der Musikindustrie verdienen, sind die Betreiber der Musikplattformen.

Auf Grund der heute fast völligen Transparenz von Märkten und Produkten hat der Konsument wesentlich mehr Macht. Er gibt den Takt an! Und die Firmen müssen mit der Geschwindigkeit mithalten – ob Sie wollen oder nicht. Dies betrifft nicht nur den Einzelhandel, sondern die komplette Supply Chain. Wenn die Produkte und Anforderungen sich immer schneller ändern, müssen Lieferanten auch immer schneller in der Lage sein, die entsprechenden Rohstoffe bzw. halbfertigen Erzeugnisse zu liefern. Das Gleiche gilt natürlich auch für die Lieferanten vom Lieferanten usw. Letztendlich wird kein einziges Produkt oder halbfertiges Erzeugnis erstellt, das nicht am Ende der Supply Chain beim Konsumenten landet. Auf dieser Gegebenheit basiert auch das deutsche Mehrwertsteuergesetz.

Der Kunde der alten Ökonomie hatte ungefähr die Wendigkeit eines Mammuts. Es kann durchaus sinnvoll sein, Mammuts mit Panzer zu jagen, aber würden Sie auch einen Hasen mit einem Panzer jagen?

Jack Welch hat das in dem folgenden Satz schön zusammengefasst: „If the rate of change on the outside exceeds the rate of change on the inside, the end is near."

Responsive Organisation

Wenn die alten Organisationsmodelle nicht mehr passen, wie sehen dann die neuen aus? Sie müssen darauf ausgerichtet sein, schnell zu lernen und sich veränderten Situationen schnell und in kleinen Zyklen anzupassen. Sie müssen sich von Hierarchien zu Netzwerken, von Kontrolle zur Eigenverantwortung, von extrinsischer Motivation zur intrinsischen Motivation und vom Kunden und Partner zur Gemeinschaft entwickeln. Diese Art der Organisation wird heute häufig als Responsive Organisation bezeichnet.

Das Problem mit Hierarchien ist, dass der Informationsfluss sehr langsam ist. Die Information, z. B. Kundenfeedback, muss erst von einem Mitarbeiter einer Filiale entlang der Hierarchie hochwandern und dann wieder runter zu anderen Filialen, um das Feedback zu prüfen und dann wieder die Hierarchie hoch usw. – bis schließlich etwas unternommen wird oder auch nicht. Der Prozess kann sich bei manchen Firmen über Jahre strecken. Nach ein paar Versuchen, etwas zu verändern, und dem fehlenden oder sehr langsamen Feedback, werden die Mitarbeiter resignieren und zukünftig nichts mehr unternehmen oder wie in meinem Fall damals das Unternehmen verlassen, um neue Wege einzuschlagen. Am Ende der Hierarchie habe ich einen extrinsisch motivierten Mitarbeiter. Je nach Studie sind heute zwischen 70 % und 85 % der Mitarbeiter nur extrinsisch motiviert und fühlen sich mit dem Unternehmen nur gering oder überhaupt nicht verbunden. Dieser demotivierende Effekt wird durch Kontrolle statt Eigenverantwortung zusätzlich verstärkt. Zusätzlich müssen die Firmen

lernen, enger mit Kunden und Partnern zusammenarbeiten um Interessen-
gemeinschaften zu bilden. Heute kann nicht nur ein einzelner Mensch
etwas Großes erreichen, sondern ganze Unternehmen müssen enger zusammenarbeiten. Durch die starke Wechselwirkung der Faktoren Hierarchie, Kontrolle, Motivation und Zusammenarbeit bringt es kaum etwas,
nur an einer der Stellschrauben zu drehen.

Jetzt stellt sich natürlich die Frage: Wie entwickele ich mich in Richtung
Responsive Organisation? Als Erstes verrate ich Ihnen, was Sie nicht machen
sollten. Hören Sie auf niemanden, der ihnen ein Phasenmodell anbietet,
sei es auch noch so schön verpackt. Das ist das alte Modell! Viele größere
Unternehmensberatungen oder Kommunikationsagenturen versuchen das
nur allzu gern. Sie arbeiten selbst noch nach dem alten Modell. Lassen Sie
sich immer zeigen, wie die Firma, die Sie beraten will, selbst arbeitet. Kommunikationsagenturen sehen den Mitarbeiter oft als eine Art Dinosaurier,
der nicht in der Lage ist, mit Veränderungen umzugehen, und setzen
Mammut-Projekte für den „Change" auf. Aber genau dieser Mitarbeiter
rennt abends zum nächsten Apple Store und kauf sich das neue iPhone,
während die Firma schon seit 2 Jahren an der Mobile-Strategie arbeitet.
Jeder Mitarbeiter ist auch ein Konsument und wir haben festgestellt, dass
genau dieser heute den Takt angibt. Meine Eltern sind über 60 Jahre alt
und besitzen beide Smartphones und Tablets. Warum gibt es überhaupt in
Firmen so etwas wie eine Schatten-IT? Weil die Unternehmen heute lang-
samer als ihre Mitarbeiter sind!

Starten Sie mit einem kleinen Team als Pilot. Lernen und verbessern Sie
kontinuierlich. Ähnlich wie in den agilen Softwareentwicklungsmodellen,
wie z. B. Scrum. Ich empfehle auch, Kunden mit Portalprojekten in Kom-
bination mit Scrum schon mit Produktinkrementen bzw. mit einem Mini-
mal Viable Product (noch nicht die volle Funktionalität, aber ordentliche
Qualität) live zu gehen, Feedback einzusammeln, weiterzuentwickeln und
zu wiederholen. Denken Sie nicht in Releasen. Denke Sie nicht in Versions-
nummern wie 1.0 und 2.0 oder wie Unternehmen 1.0 und 2.0. Denken Sie
in Zyklen. Diese Zyklen sollen sich unendlich wiederholen. Das Vorge-

hensmodell hat starke Ähnlichkeit mit der Evolutionstheorie. Es lässt sich nach ersten Erfolgen einfach auf andere Unternehmensbereiche transponieren. Was spricht z. B. dagegen, wenn die Personalabteilung regelmäßig, sagen wir jeden Monat, Reviews ihrer Prozesse durchführt und diese dann zwischen den Zyklen verbessert. Oder warum sollte man nicht Produktionsprozesse kontinuierlich auf den Prüfstand stellen und kontinuierlich verbessern? Ganz wichtig ist hierbei, dass die Teams die Prozesse eigenverantwortlich verbessern können. Eigenverantwortung geben bedeutet auch Vertrauen. Und um Verantwortung zu übernehmen, muss man auch die Konsequenzen der Entscheidungen verstehen. Die wiederum bedingt Transparenz. Zusammenarbeitsplattformen wie Office 365 und soziale Unternehmensnetzwerke wie Yammer wirken hierbei als Katalysatoren. Und gewinnen mit Unternehmenzgröße und Dezentralität an Bedeutung.

Das Internet, die digitale Welt, konvergiert auch zunehmend mit den klassischen Industrieprodukten, der Welt der Dinge (Internet of Things). Und die digitale Welt ist verdammt schnell. Es wird eine Herausforderung für viele Unternehmen dieses Tempo mitzugehen. Ein Kulturwandel ist ein langwieriger Prozess. Es ist höchste Zeit, zu beginnen!

TEIL 1

/_layout/WHY

"If you ask why, you will never understand" ist ein Zitat aus dem Buch "Bis zum Äussersten"[1] von Bennie Lindberg. Es hat nichts mit Portallösungen, Microsoft Technologien oder IT überhaupt zu tun, aber mir gefällt der Spruch und der Gedanke dahinter. Nicht zuletzt hat es auch einen Bezug zu diesem Buch hier. Wenn Sie sich beim Lesen des Buchtitels, diesem Vorwort oder beim Inhaltsverzeichnis fragen, was das hier alles soll, dann macht es wenig Sinn, weiterzulesen. In diesem Fall trotzdem Danke für's Kaufen sowie das Interesse am Buch und dem Thema und weiterhin viel Glück und Erfolg.

Seit über 10 Jahren beschäftige ich mich mit Portallösungen und Webtechnologie im Microsoft Umfeld. In dieser Zeit habe ich ... blablabla.

Nein, also jetzt nochmal richtig. Sie hätten dieses Buch nicht gekauft, wenn Ihnen nicht schon zu oft ein Vortrag, der genau so anfängt, gehalten worden wäre.

Unternehmen geben Hunderttausende und Millionen von Euro für webbasierte Lösungen aus. So weit so gut. Qualität kostet eben, das ist allgemein bekannt.

Das Entscheidende sind nicht die Kosten, die entstehen – obwohl: zusehends ist sicherlich auch das ein Aspekt, vor allem wenn man die Halbwertszeit solcher Lösungen betrachtet. Das Problem ist, dass trotz all der Mühe, Zeit und der Geldmittel, die investiert werden, am Ende leider häufig ein Produkt steht, das nur mäßig gut ankommt.

Auch zu diesem Thema gibt es Bücher, HowTo-Videos, Seminare und Wunderheiler wie Sand am Meer, und wie bei fast allen Themen gibt es auch hier Ratgeber und Trainer, die wirklich gut sind und nicht nur eine Methode predigen bzw. nachplappern, sondern diese Disziplin wirklich beherrschen.

Wenn Sie es also schaffen, Zeit, Geld, das richtige Konzept, Management-unterstützung, Ressourcen, IT, Entwicklung, Chancenmanagement und die richtigen Berater auf den Punkt zusammen zu bringen, haben Sie eine durchaus realistische Chance, ein erfolgreiches Portalprojekt umzusetzen. Als Berater sollten Sie versuchen, Bill Gates, Steve Jobs, Alfred Hitchcock, Mister Spock, Captain Kirk, Sigmund Freud, Dr. Eckart von Hirschhausen, Harald Lesch, Mary Poppins, Helmut Schmidt und noch ein paar andere herausragende Persönlichkeiten in ihrem Projektteam zu vereinen. Mal abgesehen davon, dass es einige von denen gar nicht oder nicht mehr gibt - wäre auch das wahrscheinlich kein Garant für einen Erfolg. Nicht zuletzt deshalb, weil diese Leute sich wahrscheinlich ziemlich schnell in die Haare bekämen. Man stelle sich nur mal Mister Spock und Steve Jobs zusammen an einem Tisch vor.

Also, wie nun?! Naja, warum nicht in der IT auch endlich mal einen An-satz wählen, der in anderen Bereichen der Industrie schon lange erfolgreich als „Berater" zum Einsatz kommt – die Evolution, die Natur und soziale Systeme.

Nehmen wir zum Beispiel ein Ameisenvolk. Selbst dem flüchtigen Betrachter fällt sofort auf, wie gut organisiert die Tiere sind. Natürlich wissen wir es nicht mit allerletzter Gewissheit, vermutlich ist es aber nicht so gewesen, dass sich das Ameisenvolk irgendwelche Berater bei einem benachbarten Ameisenstaat eingekauft hat, für, sagen wir mal, 3 Grillen und einen Regenwurm, plus Reisekosten, um zu planen, wie das Volk zu organisieren sei, die tägliche Arbeit abzubilden ist oder wie Neuigkeiten zu kommunizieren sind. Es folgt einer natürlichen Ordnung. Jeder Ameisenforscher – eine Liste aller Ameisenforscher die es weltweit gibt, finden Sie im Übrigen hier: http://www.antwiki.org/wiki/Welcome_to_AntWiki – kann das ganz sicher auch im Detail erklären. Fakt ist, dass basierend auf Regeln und Prozessen, die evolutionär gelernt und verankert sind, das Ganze funktioniert.

Informationen, Verhaltensregeln, Ordnung und Muster sowie Vorgaben und Prozesse müssen also auch anders in einer komplexen sozialen Struktur verankert werden können als das bisher oft im Rahmen von Portallösungen versucht wurde.

Wie funktioniert sowas im Alltag? Wenn wir auf eine rote Ampel zufahren, fangen wir auch nicht jedes Mal neu an zu überlegen, dass wir nun die Geschwindigkeit verringern müssen und Auskuppeln und Bremsen angesagt ist. Wir haben verinnerlicht, was zu tun ist, nachdem wir es in der Fahrschule gelernt haben. Das lässt sich eins zu eins auf Portallösungen übertragen.

Beschulungskonzept ist hier das Stichwort. Was aber nun, wenn die Ampel an der Kreuzung ausgefallen ist oder ein Verkehrskreisel an Stelle einer ampelgeregelten Kreuzung vorgefunden wird. Kommt es dann zum Verkehrschaos? In aller Regel nicht – und das ist der Unterschied.

Bedeutet das nun, dass bisher nur unfähige Leute Portallösungen konzipiert und umgesetzt haben? Nein, natürlich nicht. Hier spielen viele Faktoren eine Rolle. Ein wesentlicher Aspekt ist, dass die Technologien, um die es im Folgenden gehen wird, uns erst seit kurzem zur Verfügung stehen, teilweise sind sie sogar noch in der Entwicklung.

Eine weitere Eigenart von komplexen Systemen und lernenden Strukturen spielt hier eine große Rolle. Ein gelerntes und verinnerlichtes Verhaltensmuster wird beibehalten. Warum auch nicht, es hat die ganze Zeit so funktioniert. Alles Neue hat es damit also erst einmal schwer.

In den letzten 30 bis 40 Jahren haben wir gelernt, unsere Inhalte in Ordnern und Ordnerstrukturen abzulegen. Solange die Menge an Informationen nicht zu groß bzw. komplex wird, lässt sich damit auch hervorragend arbeiten. Diese Denkweise, Informationen zu strukturieren und zu kategorisieren ist stark angelehnt an die früheren Registraturen und Bibliothekskataloge – da stammt auch das typische Ordnersymbol her.

Das System war also, gerade in den Anfangsjahren des Informationszeitalters, absolut brauchbar und wurde daher als valide gelernt und in unseren Verhaltensmustern abgespeichert. Die Welt hat sich verändert und die Menge an Daten, die wir tagtäglich produzieren und die in der einen oder anderen Form für uns relevant sind oder sein könnten, wächst und wächst. Das Problem ist nun, dass es uns nur schwer bis gar nicht gelingt, dieser Veränderung gerecht zu werden.

Wenn wir uns solche Entwicklungen von außen bzw. rückblickend ansehen, erscheinen sie sehr viel klarer. Ein Beispiel gibt uns die US amerikanische Automobilindustrie. In den 1950er und 1960er Jahren strotzte diese vor Kraft, Ansehen und Geld. Ein Zitat aus dieser Zeit sagt „Wir machen Geld – keine Autos" oder „der US amerikanische Automarkt ist losgelöst vom Rest der Welt". Und das stimmte damals ja auch.

Was man jedoch völlig übersah, waren die Veränderungen, die sich ergaben, als die Japaner und zuletzt auch die Europäer begannen, auf den US Automarkt zu drängen. Die US Autobauer waren schlicht blind für diese Entwicklung, denn ihre Vorgehensweise und Firmenpolitik hatte ja jahrelang sehr gut funktioniert und war daher als valide gelernt und etabliert. Wohin das führte, wissen wir alle.

Als erkannt wurde, dass man umdenken muss, war es fast zu spät. Lee Iacocca brachte es als Vorstandsvorsitzender von Chrysler auf den Punkt, als er sagte: „*Die einzige Möglichkeit ist, gute Produkte herzustellen, sie mit konkurrenzfähigen Preisen zu versehen und dazu einen ordentlichen Kundendienst anzubieten. Wenn man das fertigbringt, dann rennen einem die Käufer die Tür ein.*" Leider kamen diese Erkenntnis und das Umdenken sehr spät.

Angelehnt an das Beispiel der Automobilindustrie in den USA könnte man also den Rückschluss ziehen, dass sich das Problem irgendwann einfach von selbst löst, weil überholte und ineffiziente Lösungen aussterben oder irgendwann die nötigen Lektionen gelernt werden. Dieser Ansatz führt ziemlich sicher, zumindest zum Teil, tatsächlich zur Lösung. Auch solche technischen Evolutionen unterliegen zuletzt der Theorie der Evolution in der Natur: „was funktioniert, wird sich durchsetzen" und was nicht funktioniert, wird aussterben.

Ein paar Aspekte gilt es hier aber noch zu bedenken. Umberto Eco schreibt in seinem Roman „Das Foucaultsche Pendel [2] – Für jedes komplexe Problem gibt es eine einfache Lösung und die ist die falsche." Oder anders gesagt: Verlässt man sich darauf, dass sich das Problem auswächst, stirbt gegebenenfalls das Unternehmen zusammen mit dem Problem aus.

Was für die heute 50-jährigen fließendes Wasser und Strom ist, nämlich eine Selbstverständlichkeit, das sind für die kommende Generation an Berufstätigen, Sachbearbeitern, Abteilungsleitern und Managern Techniken, wie Tagging, Apps, Machine Learning, Software as a Service, virale Kommunikation usw. Also technologische Ansätze, die bewiesen haben, dass sie Lösungen für aktuelle Probleme wie Datenflut, Informationsmanagement etc. bieten. Diese Ansätze sind rein evolutionär entstanden, haben sich durchgesetzt und bewährt, wenn auch zurzeit hauptsächlich noch im privaten Umfeld, und funktionieren deshalb so erfolgreich.

Diese Techniken sind die Bausteine für Portallösungen und Informationsarchitekturen der Gegenwart und der Zukunft.

Warum scheitern so viele Intranet-/Extranet- oder auch Internet-Projekte bzw. warum ist trotz immenser Aufwände und Anstrengungen, guter Vorbereitung und Techniken wie Mitarbeiterbefragungen, Early Adoption, agilem Vorgehen usw. die Resonanz und das Feedback meistens eher mäßig? Oder warum ist der Erfolg meist nur von kurzer Dauer, sollte das alles nicht zutreffen und es ist wirklich gelungen, eine erfolgreiche Portallösung umzusetzen, die auch gut angenommen wird?

Mathematik

Gehen wir das Thema einmal rein mathematisch bzw. statistisch an. Das Problem bei dieser Herangehensweise ist, wie eigentlich immer, wenn Praxis und Theorie aufeinander treffen, dass eine abstrahierte Annahme eben immer nur eine Annahme bleibt.

Bei einer theoretischen Betrachtung kommt noch ein anderes Phänomen hinzu, welches das folgende Beispiel sehr schön beschreibt:

Astrophysiker haben errechnet, dass die Wahrscheinlichkeit, dass die Menschheit zu einem bestimmten Zeitpunkt von einem Asteroiden ausgelöscht wird, bei ca. eins zu einer Million liegt. Da wir und unsere affenähnlichen Vorfahren, seit nunmehr ungefähr sieben Millionen Jahren auf diesem Planeten leben, beträgt die Wahrscheinlichkeit mittlerweile gut und gerne siebenhundert Prozent. Mit anderen Worten: wir müssten also alle bereits sieben Mal gestorben sein. Was will ich damit sagen? Nun, nicht, dass wir alle demnächst durch einen Asteroiden ums Leben kommen werden. Ich möchte vielmehr auf etwas aufmerksam machen, was Ereignisse von geringer Wahrscheinlichkeit, Statistik und theoretische Betrachtungen im Allgemeinen betrifft: Shit happens!

... aus einem Statistikvortrag ...

Der Text stammt sinngemäß aus einem Roman von Adam Fawler[3]. Ich weiß also nicht einmal genau, ob das tatsächlich so stimmt. Das ist aber auch nicht maßgebend. Es verdeutlicht das grundlegende Problem, wenn wir uns Dingen des täglichen Lebens bzw. sehr komplexen Systemen über vereinfachte Annahmen nähern.

Nichts desto trotz will ich es hier einmal tun. Sie werden sehen, warum und was es dabei zu verdeutlichen gilt.

Szenario 1:

Folgende Fragestellung: Wie hoch ist die Wahrscheinlichkeit, dass zwei von 20 Personen, wenn sie das Gleiche suchen, in einer Navigation mit 25 Menüpunkten, auf den gleichen Menüpunkt klicken?

20 Personen sind eine durchschnittliche Größe für ein Team, eine Abteilung etc. und 25 Menüpunkte ergeben sich in heutigen Portalen sehr schnell. Nehmen wir z. B. 5 Hauptnavigationspunkte mit jeweils 5 Unter-

navigationspunkten und das ist noch niedrig gegriffen. Seit der Einführung von Megamenüs kommt man da ganz schnell auf deutlich komplexere Strukturen.

Klar ist, dass diese Fragestellung sehr abstrahiert ist, denn man grenzt ja alleine schon aufgrund des Themas ein, nach welchem man sucht. Interessant ist aber auch, dass man vom Bauchgefühl her gleich zwei unterschiedliche Meinungen hat: „Ja, das könnte zufällig so sein, dass 2 genau auf den gleichen Menüpunkt klicken" und „Ist ja eher unwahrscheinlich, dass die zufällig gleich klicken".

Das spiegelt sich auch in zwei unterschiedlichen Ansätzen für die mathematische Berechnung wieder, was sich in der Wahrscheinlichkeitsrechnung durch das Treffen verschiedener Annahmen begründet.

1. Ansatz – ein vergleichbares Problem:

Das sogenannte „Geburtstagsparadoxon" spiegelt einen ähnlichen Sachverhalt wieder. Demnach ist die Wahrscheinlichkeit, dass zwei Personen, ungeachtet des Jahrgangs, am gleichen Tag Geburtstag haben, bei einer Gruppe ab 23 Personen größer als 50 %. (http://de.wikipedia.org/wiki/Geburtstagsparadoxon)

Das hört sich erst mal gar nicht so schlecht an. Bedenkt man zusätzlich noch, dass wir ja allein aufgrund der Themen oder Inhalte, die wir suchen, gewisse Navigationspunkte von vorneherein ausschließen würden.

2. Herangehensweise – eine mathematische Berechnung:

Zuerst überlegen wir mal, wie viele Klick-Möglichkeiten bzw. Kombinationen **m** es bei 20 Leuten insgesamt gibt: das sind **m=25^20**. Dann überlegen wir, wie viele Möglichkeiten **u** es gibt, dass alle verschieden sind:

Der Erste hat freie Wahl, also 25. Dann kann der Zweite nur noch aus 24 wählen, der Dritte aus 23, usw. Als nächstes folgt nach Anwendung der Laplace-Gleichung (http://de.wikipedia.org/wiki/Pierre-Simon_Laplace), dass sich die Wahrscheinlichkeit **W** dafür, dass alle 20 Personen verschiedene Menüpunkte anklicken, zu **W=u/m** ergibt. Das komplementäre Ereignis, also dass mindestens 2 Personen auf den gleichen Punkt klicken, hat dann die Wahrscheinlichkeit -> 1-**W**. Die liegt dann hier bei fast 1, genau genommen bei 1- [(25/25)*(24/25)*...*(6/25)]=1-0,0000142=0,9999858.

Also, je nachdem, wie man die Sache angeht und welche Annahmen man zugrunde legt, kommt man, rein statistisch, auf eine Wahrscheinlichkeit zwischen 50 % – 99 %, dass zwei Personen zum gleichen Ergebnis kommen. Das ganze verschiebt sich natürlich deutlich, wenn wir die Anzahl der Möglichkeiten variieren, bzw. die Anzahl der Benutzer, die zugreifen können, sich erhöht. So oder so zeigt dieses Beispiel die Grenzen einer redaktionell vorgegeben starren Struktur/Navigation auf und zwar auf eine durchaus ungewöhnlich und beeindruckende Art, die einem zu denken gibt. Das müssen Sie zugeben.

Anders gesagt: Wollen Sie wirklich Hunderttausende oder gar Millionen von Euros für eine Portallösung ausgeben, in der die Wahrscheinlichkeit, dass ein Nutzer die Information dort sucht/findet, wo Sie sie vorgesehen haben, gegebenenfalls nur bei ca. 50 % liegt ... Denken Sie darüber mal nach ...

Szenario 2:

Betrachten wir das Problem mal unter einem anderen mathematischen Aspekt und zwar unter dem Motto: Häufiges kommt öfter vor als Seltenes oder „Die Normal-/Gauß-Verteilung" (http://de.wikipedia.org/wiki/Normalverteilung)

Die Wahrscheinlichkeitsrechnung befasst sich mit der Vorhersage von zufälligen Ereignissen. Die Statistik hingegen dreht sich um das Erfassen und

Auswerten tatsächlicher Ereignisse. Die Wahrscheinlichkeitsrechnung befasst sich demnach damit, die Statistik vorherzusagen.

Ein einfaches Beispiel: Eine Münze wird 4-mal hintereinander geworfen. Wie oft kommt Kopf?

Aus dem Bauch heraus wird man wohl sagen 2-mal. In diesem Fall wendet man unbewusst die Wahrscheinlichkeitsrechnung an, um die Statistik vorherzusagen:

K = Anzahl der geworfenen Köpfe
W = Anzahl der Münzwürfe
Wahrscheinlichkeit (K) = Wahrscheinlichkeit einen Kopf zu werfen

Bei 4 Würfen ergibt das also:

K = **Wahrscheinlichkeit (K)** x **W**
K = 0,5 x 4
K = 2

Demnach kommen bei 4 Würfen wahrscheinlich 2-mal Kopf und 2-mal Zahl heraus. Aber bedeutet das auch, dass jedes Mal zwei Köpfe geworfen werden? Die Antwort ist NEIN.

Es gibt 16 mögliche Ergebnisse, wenn eine Münze viermal hintereinander geworfen wird.

K = Anzahl der geworfenen Köpfe
Z = Anzahl der geworfenen Zahlen
N = Anzahl der möglichen Ergebnisse bei 4 Münzwürfen

K = 0 -> ZZZZ (n = 1)
K = 1 -> KZZZ, ZKZZ, ZZKZ, ZZZK (n = 4)
K = 2 -> KKZZ, KZKZ, KZZK, ZKKZ, ZKZK, ZZKK (n = 6)

K = 3 -> KKKZ, KKZK, KZKK, ZKKK (n = 4)

K= 4 -> KKKK (n = 1)

Daraus folgt dass **n** = 1+4+6+4+1 = 16

Von 16 verschiedenen Möglichkeiten resultieren also nur 6 in zwei Köpfen und zwei Zahlen. Daher werden in 10 von 16 Versuchen, also in 62,5 % der Fälle NICHT zwei Köpfe und zwei Zahlen geworfen.

ALSO: Obwohl die ursprünglich Bewertung, dass bei 4 Würfen 2-mal Kopf und 2-mal Zahl herauskommt, absolut betrachtet so nicht stimmt, ist es immer noch die beste Antwort. Jede andere Antwort wäre noch unwahrscheinlicher, nämlich z.b. einmal Kopf oder dreimal Kopf 75 % der Würfe nicht zutreffend und einmal Kopf oder viermal Kopf 93,75 %. Damit ist die Antwort 2-mal Kopf und 2-mal Zahl die Variante, welche die Wahrscheinlichkeit falsch zu liegen, minimiert. Das ist die Basis der gesamten Wahrscheinlichkeitsrechnung: Die Minimierung von Fehlern.

Das Ganze graphisch dargestellt ergibt die typische Glockenkurve, welche die Gauß'sche Normalverteilung beschreibt – oder anders gesagt: Häufiges kommt öfter vor als Seltenes. (siehe Seite 28)

So weit so gut, mal abgesehen davon, dass sich viele beim Lesen gewünscht haben, sie hätten in der 12. Klasse in Mathematik besser aufgepasst, bleibt die Frage welche Schlussfolgerung sich daraus ergibt.

Sowohl Szenario 1 als auch Szenario 2 beschreiben Phänomene, die sich in Auswertungen und Feedback-Umfragen mit Aussagen wie *„Ich finde mich nicht zurecht.", „Das Portal sieht gut aus, aber ich kann nichts damit anfangen.", „Das Portal ist zu komplex/kompliziert.", „Man findet nichts."* oder aber *„am Thema/der Zielgruppe vorbei entwickelt"* niederschlagen.

Die beiden Szenarien zeigen auf, dass, egal wie engagiert und durchdacht ein redaktionell geplantes Portal auch sein mag, die beste Akzeptanz, oder um bei Szenario 2 zu bleiben, das Portal mit den geringsten Fehlern, eine Lösung ist, die auf einer Normalverteilung beruht, liefert.

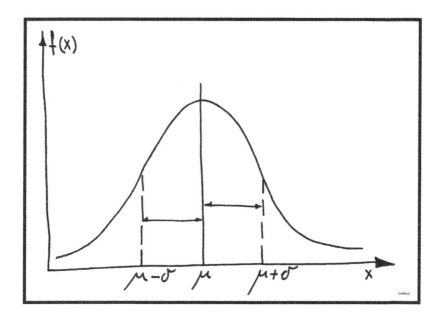

Was bedeutet das nun in der Praxis?! Wie lassen sich Aspekte, wie sie im Ansatz der Normalverteilung beschrieben werden, in einer Portallösung abbilden? Wenn wir hier dem Paradigma „Häufiges kommt öfter vor als Seltenes" folgen, ist das genau die Funktionsweise, die Rankingmodelle in suchbasierten Lösungen nutzen.

Gehen wir noch einen Schritt weiter und sehen uns Machine Learning Modelle an, dann stellen wir fest, dass auch hier eine ähnliche Funktionsweise zugrunde liegt.

Zuerst gilt es herauszufinden, was Trends innerhalb eines Systems sind. Seiten, die oft besucht werden, Dokumente, die oft aufgerufen werden, oder Personen, die zu einem bestimmten Thema immer wieder Inhalte liefern. Im nächsten Schritt versuchen die zugrundeliegenden Modelle dann

Gemeinsamkeiten, Überschneidungen und Korrelationen zu entdecken bzw. vorauszusagen.

Ein paar Beispiele

Ein paar Beispiele – bzw. ein paar Negativbeispiele. Ich hab mich auf den Webseiten verschiedener großer Krankenversicherungen auf die Suche nach einem Thema gemacht, von dem zwar jeder schon mal gehört hat, aber in der Regel keiner weiß, wie es im Detail bzw. im konkreten Fall funktioniert (wenn es einen nicht gerade vor kurzem selbst betroffen hat); das Thema „Krankenhaustagegeld".

Für diesen Test habe ich die Webseiten der AOK, der Techniker Krankenkasse und die der Barmer GEK genutzt. Stand Januar 2015 mit folgendem Ergebnis:

Alle Webseiten sind gut und auch ähnlich strukturiert. Auf allen drei Webseiten finde ich nicht unmittelbar etwas zum Thema Krankenhaustagegeld. Was sich findet, sind Themen wie z.B. „Leistungen" etc., die grob in die richtige Richtung weisen. Nach ca. 30 bis 40 Sekunden habe ich auf keiner der Webseiten gefunden, was ich suche. Das ist erfahrungsgemäß und laut Studien im Bereich Softwareergonomie und Anwenderakzeptanz die Zeitspanne, nach der der durchschnittliche Anwender frustriert aufgibt.

Im Detail:

TECHNIKER KRANKENKASSE:

Die Webseite sieht sehr ansprechend aus und hat alles, was man von einer modernen Webseite erwartet. Rein vom Designaspekt her finde ich das Megamenü, das beim Klicken der Tabs der Topnavigation jeweils ausfährt, wirklich gelungen.

Um nochmal zum Rechenbeispiel aus Szenario 1 zurückzukommen: In diesem Fall wähle ich, da ich ja auf der Suche nach Krankenhaustagegeld bin, intuitiv den Tab „Leistungen" aus der Topnavigation. Das führt dazu, dass ein Megamenü mit weiteren 7 Kategorien erscheint. Jede dieser Kategorien hat zwischen 3 und 10 weiteren Menüpunkten ... viel Spaß beim Ausrechnen wie hoch hier die Wahrscheinlichkeit analog Szenario 1 ist.

Die Suche der Webseite bringt mit dem Suchwort „Krankenhaustagegeld" die gewünschten Informationen. Die Ergebnismenge ist auch ziemlich gleich der Ergebnismenge von Google, wenn man dort nach „Techniker Krankenkasse Krankenhaustagegeld" sucht.

Ergebnis: Rein über das Durchforsten der hierarchischen Struktur der Webseite, die redaktionell vorgegeben ist, finde ich in annehmbarer Zeit nichts zum gewünschten Thema. Über die Suche der Webseite oder über Google finde ich direkt was mich interessiert.

AOK:

Die Webseite der AOK ist nicht so schick wie die der Techniker Krankenkasse. Trotzdem findet man auch hier schnell zu einem Topnavigationspunkt „Leistungen und Service". Obwohl hier kein Megamenü und deutlich weniger und somit besser zu überschauende Menüpunkte erscheinen, findet sich auch hier nicht unmittelbar etwas zum Thema Krankenhaustagegeld.

Die Suche der Website bringt keine Treffer. Das ist umso schlimmer, da die Suche bei Google mit dem Suchtext „AOK Kranhaustagegeld" sehr wohl Ergebnisse liefert und mit dem ersten Treffer auch genau die gesuchte Information innerhalb der AOK Website zu Tage fördert.

BARMER GEK:

Diese Webseite arbeitet ebenfalls mit Megamenüs, nicht so schön wie bei der Techniker Krankenkasse, dafür aber auch nicht so komplex und überladen.

Das Ergebnis ist das gleiche wie bei den anderen Webseiten. Rein über die redaktionelle Navigation ist die gesuchte Information nicht in einer annehmbaren Zeit zu finden. Die Suche der Webseite bringt, wie bei der Techniker Krankenkasse, Treffer zum Thema, die sich auch mit der Ergebnismenge von Google decken.

Was bedeutet das nun? Brauchen wir keine redaktionell vorgegebene Navigation mehr? Ist eine leistungsfähige Suche die Antwort auf alles? Ganz sicher wird es immer auch die Notwendigkeit für redaktionell vorgegebene Strukturen geben. Und ganz sicher ist eine leistungsfähige Suche, gerade in komplexen Strukturen und Portalen, ein entscheidender Faktor.

Ein Webportal, das beide Ansätze erfolgreich nebeneinander bzw. ergänzend nutzt, ist Amazon, um endlich auch mal ein positives Beispiel zu nennen. Hier haben wir als ein wesentliches und sehr präsentes Element das Suchfeld. Die Suche wird ergänzt durch Kategorien, die auch direkt beim Eingeben von Suchbegriffen suggeriert werden. Durch Auswahl einer Kategorie im Suchfeld wird diese direkt als Filter verwendet, schränkt also die Treffermenge dahingehend ein. Parallel bietet das Amazon Portal eine Navigationsstruktur an, die genau aus den gleichen Kategorien besteht. Dieses Konzept, also basierend auf Metadaten Suchergebnisse zu filtern, die eins zu eins auch als Navigationspunkte verwendet werden, resultiert in einer sehr guten Usability.

Das Problem ist nicht neu – welches Problem eigentlich?

Kennen Sie Simon Garfield? Simon Garfield ist ein Microsoft MVP Kollege aus England. Letztes Jahr habe ich auf einer Konferenz einen Vortrag von ihm gehört, der mich sehr zum Nachdenken gebracht hat. Der Vortrag drehte sich um Social Business Aspekte. Der Punkt, der mich faszinierte, war, dass Simon anhand von Zitaten aus Büchern und Zeitschriften, die aus den 1980er, 1990er und Anfang der 2000er Jahren stammten, aufzeigte, dass die Thematik gar nicht neu ist. Klar gab es damals nicht die Technologien und Produkte, wie wir sie heute haben. SharePoint und O365 hießen damals noch Lotus Notes ;-) – aber die Notwendigkeit, Informationen, Strategien und Personen auf Basis von Technologie zusammen zu bringen, und zwar zum Erreichen strategischer Ziele, wurde auch damals schon formuliert.

Ein Beispiel aus dem Jahr 1994 von Nitin Nohira und James D. Berkley zeigt das sehr schön auf:

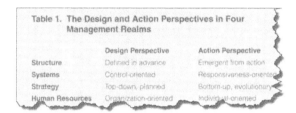

Table 1. The Design and Action Perspectives in Four Management Realms

	Design Perspective	Action Perspective
Structure	Defined in advance	Emergent from action
Systems	Control-oriented	Responsiveness-oriented
Strategy	Top-down, planned	Bottom-up, evolutionary
Human Resources	Organization-oriented	Individual-oriented

Den kompletten Artikel mit dem Titel: „An Action Perspective: The Crux of the New Management" können Sie hier nachlesen: http://216.119.127.164/edgeware/archive/think/main_filing4.html

Ein weiteres Beispiel aus den 1980er Jahren stammt von Scott Morton. Anfang der 1980er Jahre erblickte eine Technologie das Licht der Welt, die wir heute unter dem Begriff Business Intelligence kennen. Scott Mortan war einer der ersten, der für diese neue Art von Technologie Regeln und Definitionen festlegte. Anfangs handelte es sich um aufgabenorientierte Einzelsysteme zur Unterstützung des Managements. Diese Systeme wurden unter dem Sammelbegriff Management Support Systems (MSS) zusammengefasst. In diesem Kontext definierte Scott Morton folgenden Satz/Zweck: *„the use of computers and related information technologies to support managers"*.

Daraus abgeleitet definieren sich solche Systeme, zu denen eben auch Portallösungen wie Intranet, Extranet und im weitesten Sinne auch

Internet-Portale gehören, über folgende Parameter: Strategisches Informationsmanagement im betriebswirtschaftlichen Kontext: „Planen, Gestalten, Überwachen und Steuern von Informationen und Kommunikation im Unternehmen zum Erreichen der strategischen Unternehmensziele." (Quelle: http://de.wikipedia.org/wiki/Informationsmanagement)

Jeder, der das liest, wird jetzt sagen „Ja, ist doch klar". So klar ist das aber gar nicht. Aus dieser Definition leitet sich die Notwendigkeit ab, warum Internet-Portale für Unternehmen heute so wichtig sind. Sie sind eines der Mittel, um eben „Planen, Gestalten, Überwachen und Steuern von Informationen und Kommunikation im Unternehmen zur Erreichung der strategischen Unternehmensziele" abzubilden.

Und dass das in aller Regel eher eine organisatorische/strategische Herausforderung ist als eine technische ist auch nicht wirklich neu. Im November 2000 schrieb Roger Chaddock, Associate Director Computer Sciences Corporation, Folgendes im Rahmen einer Abhandlung zum Thema „Organizational Culture":

```
Obviously, there is a set of tools, such as Lotus Notes, intranets. etc.,
which you need to be knowledge-kxxsed. But technology is only 20 percent of
the picture. The remaining 80 percent is people. You have to get the
culture right.
   Roger Chaddock, associate director,
Computer Sciences Corporation
```

Original Text:
https://studyacer.com/problem/organizational-culture-2798956

… jetzt wissen wir also endlich, warum uns das alles so bekannt vorkommt. Weil es die letzten 30 Jahre in der ein oder anderen Form und mit unterschiedlichen Modeworten immer wieder propagiert wurde.

Ein schlauer Satz von Peter M. Senges, Professor am MIT, lautet sinnge-mäß: *„Bevor wir das Problem lösen können, müssen wir uns erst einmal klar machen, was das PROBLEM überhaupt ist."* Da das nun geklärt ist und wir obendrein auch erkannt haben, dass das alles gar nicht neu ist, kann's ja jetzt losgehen. Wird auch langsam Zeit, schließlich beschäftigt uns das Thema ja schon seit den 1980er Jahren.

Donaudampfschifffahrtselektrizitäten-hauptbetriebswerkbauunterbeamtengesellschaft.
(Diesen Ausdruck gibt es wirklich ...)

Ist Ihnen denn nun klar, was das Problem ist? Na im Groben schon, hoffe ich jedenfalls, sonst müssen Sie leider noch einmal von vorne anfangen zu lesen.

Ein Detailthema mit großer Auswirkung wurde aber bisher noch nicht angesprochen:

Zielgruppengerechte Kommunikation

Die Schwierigkeit damit ist, das Content und Strukturen meist von Fach-leuten erarbeitet und bereitgestellt werden. Der Konsument bzw. der Anwender, der die Information braucht, hat allerdings in der Regel einen anderen Fokus und sicher nicht das gleiche Verständnis bzw. den globalen Blick, wie der übergeordnete Fachbereich.

Um beim Beispiel mit dem Krankenhaustagegeld zu bleiben: Dass dieses Thema wie selbstverständlich unter dem Navigationspunkt: „Versicherung & Tarife -> Wahltarife & Zusatzversicherungen -> Krankenhaus -> Kran-kenhaustagegeld -> Details" zu finden ist, war dem zuständigen Fachbe-reich bzw. Internet Redakteur wahrscheinlich von Anfang an klar. Dass es dort kein Anwender/Besucher der Webseite suchen wird, wohl eher nicht. Dem Nutzer ist es zunächst eher nicht bewusst oder egal, ob das ein Wahltarif oder eine Zusatzversicherung ist – somit klickt er auf seiner Suche erst gar nicht auf diesen Oberpunkt. Diese Navigation wurde erstellt mit Wissen eines Branchenkenners „Krankenkasse", nicht jedoch aus der Sicht eines Versicherten, und ist damit ein schönes Beispiel dafür, dass man als Portalbetreiber gar nicht voraussagen kann, warum und mit welchem Vorwissen ein Nutzer eine Information suchen wird.

Sprich: Wenn ich will, dass eine Information gefunden wird bzw. wenn ich eine Information habe, die ich propagieren will, muss ich mir gut überlegen, wie ich sie für einen potentiellen Anwender attraktiv verpacken kann. Das klingt leider erst mal deutlich einfacher als es im Detail ist. Wie und wo ich eine Information anbieten muss, damit sie gefunden wird, hängt nämlich nicht nur von der Information, sondern auch vom potentiellen Anwender/ Interessent ab.

Mal ein weiteres Beispiel aus dem Automobilsektor. Porsche stand vor der Herausforderung, durch gute und gezielte Werbung auf seine Autos aufmerksam zu machen und zwar über den bereits etablierten Kundenkreis hinaus. Ganz sicher gibt es Kunden, die man rein mit technischen Details wie Leistung, Endgeschwindigkeit etc. neugierig machen kann und die in das Thema genau über solche Parameter einsteigen.

Um aber auch jemanden neugierig auf einen benzinschluckenden Sportwagen mit unverschämt viel PS zu machen, der einen solchen unter Parametern wie PS, Leistung und Endgeschwindigkeit niemals suchen würde, brachte Porsche z.B. diesen Slogan raus: „... Sie können länger frühstücken ..., Sie sind früher zum Abendessen zuhause ... gibt es ein besseres Familienauto?" Dass dies bei den heutigen überfüllten Straßen und Geschwindigkeitsbegrenzungen so gar nicht stimmt, ist hier erst mal nicht der Punkt. Tatsache ist, dass so ein Aufmacher zieht, neugierig macht und eine deutlich breitere Masse anspricht, als z.B. *„Vierflutige Abgasanlage mit Klappensteuerung und 2 Doppelendrohren, Edelstahl gebürstet"* ... und nein, ich fahre keinen Porsche.

Mitarbeiter – Anwender – User – Digital Natives

„Die Jugend von heute" – und tatsächlich hab auch ich mich, mit lediglich fast 40 Lebensjahren, schon dabei ertappt, dass ich diesen Satz benutzt habe. Ob die Jugend unserer Zeit wirklich so viel anders ist, wie das wohl auch schon jede Generation vor uns behauptet hat, weiß ich nicht – und ich denke, wir werden es auch nicht herausfinden. Das wird wohl eher eine Aufgabe für die nächste und übernächste Generation.

Entscheidend ist, dass die nachkommende Generation mit den Technologien, die gerade Einzug in unser Arbeits- und Privatleben halten, groß wird. Und das wird einiges verändern.

Wie immer in der Geschichte und auch in der Geschichte der Industrie, der Großkonzerne und der Ökonomie, haben es Innovationen erst mal schwer. Die Hintergründe sind vielschichtig. Ein paar Aspekte wurden im ersten Kapitel/_layout/WHY anhand des Beispiels der US-amerikanischen Automobilindustrie schon beleuchtet. Trotzdem: Was funktioniert, wird sich durchsetzen. Und vor allem gilt, dass eine Methode, ein Prozess oder ein Arbeitsablauf solange beibehalten wird, bis jemand oder etwas in Form einer Technologie kommt und es besser, billiger oder schneller macht.

Der Ausspruch „besser, billiger oder schneller" stammt von Prof. Dr. Stefan Stoll. Zumindest habe ich ihn von ihm zum ersten Mal gehört. In seinem Vortrag „pulling value out of bits - wie disruptiv ist die Digitalisierung für ihr Geschäft" geht er unter anderem auf eben dieses Phänomen ein, nämlich wann bislang erfolgreiche Methoden abgelöst werden und was die Ursachen sind.

Ich habe Prof. Dr. Stefan Stoll 2014 auf dem Adlon Business Day gehört, und wenn Sie mal Gelegenheit haben, einen Vortrag von Ihm zu besuchen, dann kann ich Ihnen nur raten, diese Chance zu nutzen. Natürlich habe ich auch bei Prof. Dr. Stefan Stoll angefragt einen Beitrag für das Kapitel „/_layout/Wie sehen die Anderen das eigentlich?" zuschreiben.

Seine Antwort auf meine Email war folgende:

Ihr Buchprojekt ist sehr interessant. Besonders gefällt mir, dass Sie die Thematik aus unterschiedlichen Perspektiven angehen. Gerne können Sie mich in diesem Kontext zitieren. Ich darf Sie allerdings auf einen Punkt aufmerksam machen, den man deutlich herausstellen sollte:

Disruptive Innovationen beziehen sich auf Produkt-, Service und Geschäftsmodellinnovationen, die „einfacher", „billiger" und damit „kundenfreundlicher" sind. Diese Art von Innovationen wird überwiegend von neuen Unternehmen in die Märkte gebracht. Während der Innovationspfad der etablierten Unternehmen die ständige Verbesserung bestehender Produkte und Services für bestehende Kunden verfolgt, zielen Disruptive Innovationen auf ganz neue Kundengruppen, die nicht im Fokus der etablierten Unternehmen stehen. Daher bezeichne ich die etablierten Unternehmen auch als „Innosaurier". Das Dilemma dieser Unternehmen ist es, dass sie alles richtig machen (sie sind ja innovativ!) und dennoch falsch liegen, da sie ausschließlich bestehende Produkte, Services und Geschäftsmodelle weiterentwickeln. Dabei übersehen sie, dass (oftmals) durch die Digitalisierung ausgelöste Innovationsschübe vollständig neue Geschäftsmodelle sowie Produkte und Services hervorbringen, die ihr etabliertes Geschäft bedrohen und teilweise auch zerstören.

Wenn Sie mich bitte so zitieren, wäre alles ok. Leider kann ich Ihnen im Augenblick nicht mehr inhaltlichen Input bieten, da ich aktuell mit zahlreichen anderen Verpflichtungen voll ausgelastet bin. Ich würde mich aber freuen, wenn Sie mich über den weiteren Verlauf Ihres Buchprojektes auf dem Laufenden hielten. Viel Erfolg hierbei!

Was ich hiermit gerne getan habe.

Für das aktuelle Thema müssen wir aber gar nicht so weit gehen. Dafür, dass etablierte Methoden und Technologien abgelöst werden, kennen wir viele Beispiele. Als da wären: der MP3 Player, der dem Walkman den Garaus machte oder der mechanische Webstuhl, der den Berufstand der Weber seit dem 16. Jahrhundert total umgekrempelt hat. Egal, welche dieser Revolutionen wir nehmen, waren diese Ansätze zuerst zu teuer oder zu unhandlich, wie im Beispiel des MP3 Players, oder stießen auf große Ablehnung bei der Belegschaft, wie der mechanische Webstuhl. Zu Recht befürchtete man, dass er viele Arbeitsplätze kosten wird und liebgewonnene und als valide gelernte Strukturen ablösen würde.

Diese Liste der Einwände und Anfangsschwierigkeiten kann man beliebig fortsetzen. Im Falle der Dampfmaschine z.B. mit dem Faktor „unsicher". Es ereigneten sich in den Anfangsjahren viele Unfälle mit der neuen Kraftquelle basierend auf Dampf. Dass sich nicht immer die vom rein technischen Standpunkt bessere Technologie durchsetzt, haben wir am Beispiel von VHS und Video 2000 Videorekordern gesehen. Eine technologische Revolution lebt eben auch davon, wie gut oder schlecht sie verkauft/ vermarktet wird.

Mangelnde Zuverlässigkeit und Verfügbarkeit sowie nicht ausgereifte Prozesse und Methoden sind Aspekte, die neue Technologien am Anfang immer begleiten. Erinnern Sie sich an Ihr erstes Smartphone, das Apps unterstützte. Mehr muss zum Thema Stabilität neuer Technologien wohl nicht gesagt werden – und so weiter und so fort.

Mal was anderes. Nachdem Sie die letzten Zeilen gelesen und ja noch präsent haben:

- nicht sicher, wie die ersten Dampfmaschinen
- zu teuer, wie die ersten MP3 Player oder DVD Rekorder
- vernichtet Arbeitsplätze, wie der mechanische Webstuhl
- nicht überall verfügbar/Zuverlässigkeit, wie die ersten Telefonverbindungen, die dann den Telegraphen fast gänzlich abgelöst haben

oder

- nicht sicher, wie angeblich heutige Cloudlösungen
- zu teuer, wie z. B. Windows Azure
- vernichtet Arbeitsplätze, wie die Ansätze SaaS, IaaS
- nicht überall verfügbar/Zuverlässigkeit, wie Cloudlösungen

Den Ausschlag hier wird immer geben, dass nicht Technologie als Selbstzweck erfolgreich sein wird. Immer dann, wenn eine Methode oder Technologie etwas besser, billiger oder schneller erledigen kann als das vorher der Fall war und ein Nutzen für das Business erzielt werden kann, wird sie sich durchsetzen – und das ist die Maxime nach der letztendlich entschieden wird.

Dan Holm hat das sehr schön auf den Punkt gebracht, indem er als Resümee zu einem seiner Vorträge sagt: „IT Doesn't Matter – The Cloud Doesn't Matter – Office 365 Doesn't Matter - SharePoint Doesn't Matter => Business Matters!"

Um noch einmal zur Überschrift des Kapitels zurückzukommen, bevor das Thema hier mit mir durchgeht:

Dass viele der aktuell kontrovers diskutierten Technologien die MP3 Player, mechanischen Webstühle und Dampfmaschinen unserer Zeit sind, steht für mich außer Frage. Dass wir diesen neuen Ansätzen wie Cloud, Apps, virale Kommunikation, SaaS, IaaS, etc. kritisch und reserviert gegenüber stehen, der eine mehr der andere weniger, liegt in der Natur der Sache bzw. der Menschen, die damit arbeiten.

Dass diese Ansätze und Technologien funktionieren und auf viele Herausforderungen und Probleme Antworten und Lösungen liefern können, ist eine Tatsache – und dass diese Ansätze und Technologien für die heranwachsende Generation so selbstverständlich sind, wie für uns Strom und Wasser, ist ein Fakt.

Dem allem zugrunde liegt ganz sicher eine viel umfassendere Entwicklung. Man sollte hier nicht den Fehler machen, das alles auf eine rein technologische Revolution zurückzuführen, jedenfalls nicht nur. Die Ursache an sich ist an einer anderen Stelle zu suchen. Unsere Gesellschaft verabschiedet sich aus dem Industriezeitalter und eine neue Epoche, das Informationszeitalter, steht vor der Tür. Aber erstens ist diese Erkenntnis nicht neu und zweitens sprengt sie definitiv den Rahmen und den Kontext dieses Buchs. Zu dem Thema haben auch schon viele Andere viel Schlaues geschrieben. Einfach mal die sehr gute Webseite von Amazon besuchen, da wird man schnell zu diesem Thema fündig.

Wasser – Strom – Internet – Mobility – Apps

User wollen mit Informationen, nicht mit Technik verbunden werden. Mit der Ausrichtung „Cloud first, mobile first" sorgt Microsoft dafür, dass der Anwender dies immer und nach der Theorie von überall aus kann.

Was ist denn jetzt so anders an all diesen neuen Ansätzen und Techniken? Von unterwegs auf Daten der Firma und auf das Unternehmensnetzwerk zugreifen konnte ich schon in meinem ersten Job in der IT und das war 2003. Was diesen konkreten Punkt angeht, ist es eine Frage der Praxis- und Massentauglichkeit.

Obwohl, ich arbeite aktuell in an einem Projekt, da funktioniert der Remote Zugriff über acht einzeln hintereinander durchzuführende Schritte. Einer davon ist, beim Kunden anzurufen und sich den aktuellen RSA Token durchgeben zu lassen … Da überlegt man es sich zwei Mal, ob man sich jetzt wirklich ins Netzwerk einloggen muss oder nicht.

Mit Technologien wie Office 365 und Windows Azure stellt sich natürlich vieles, gerade was Zugriffe auf Daten von überall aus angeht, einfacher dar. Und das bedeutet nicht, dass der Zugriff auf diese Daten oder den Speicherort deswegen unsicherer sein muss. Ich spreche hier nicht von Datenklau oder Spionage etc., ich spreche von Techniken wie 2 Faktor-Authentifizierung, Datenverschlüsselung, DLP und RMS.

Diese Funktionen können in einer Microsoft Cloud Lösung basierend auf Windows Azure und Office 365 einfach durch das Aktivieren von Features zur Verfügung gestellt werden.

Diese einfachen Beispiele zeigen sehr schön auf, um was es in diesem Kapitel geht. Überlegen wir mal, was in einer reinen on-premise Umgebung notwendig ist, um eine 2 Faktor-Authentifizierung einzurichten. Wir brauchen eine Software, die diese Funktion zur Verfügung stellt und eine Hardwareumgebung, welche die Software hostet. Diese sollte, wenn möglich, auch redundant ausgelegt sein usw.

In O365 ist es ein Feature, das aktiviert werden muss. Dieser Ansatz, Backend und zentrale Funktionen als Service zu nutzten, ist nicht so neu. Testsysteme virtuell in der Cloud zu haben und sie nach Bedarf an und auszuschalten, hat sich schon seit einigen Jahren etabliert.

Wenn wir noch etwas weiter zurückgehen stellen wir fest, dass externe Services wie FTP oder extern betriebene Mailrelays schon in den 1990er und 2000er Jahren üblich waren. Zentrale Großrechnersysteme, auf die per Termin zugegriffen wird, kennen wir quasi seit den ersten Tagen der IT.

Die kleine/große Revolution ist, dass dieser Konsumgedanke bzw. der „Pay As You Use Ansatz" nun nicht mehr nur für zentrale Dienste, Probleme und Lösungen in Unternehmen und dem Arbeitsalltag Anwendung findet. Die Generation der Digital Natives bzw. der „mündige" Anwender, und damit meine ich nicht den Geek, sind es inzwischen gewohnt, dass es für die gängigen Probleme und Prozesse Lösungen gibt, und dass sich diese aus einem App Store runterladen lassen.

Jetzt mal ehrlich, wer hat nicht schon mal den Satz gehört „... da gibt's bestimmt eine App für" oder war überrascht, dass er manches noch aufwendig manuell macht, für das die Kollegen und Freunde längst eine komfortable App nutzten. Der Begriff App wird hier sicherlich sehr inflationär bzw. unscharf verwendet. So wurde ja z.B. in SharePoint mit der Version 2013 auch alles zur App. Was vorher einfach eine Dokumentenbibliothek war, firmiert jetzt unter der Rubrik „neue App hinzufügen" – @Microsoft: man kann's auch übertreiben.

Aber bleiben wir bei diesem Beispiel. Was musste der Anwender noch mit SharePoint 2010 alles tun, wenn er eine einfache Umfrage erstellen wollte. Sehen wir uns die Schritte Step by Step an:

Dialog zum Anlegen einer Umfrage in Microsoft SharePoint 2013

Immer vorausgesetzt, er verfügte über die notwendigen Rechte, musste er eine neue Liste anlegen, einen Namen vergeben, die Liste in der Navigation verorten und sich überlegen, welche Felder notwendig sind, usw. Spätestens bei dem Punkt, wo es darum ging, die Frage(n) für die Umfrage zu erstellen, sah sich der Anwender einer Maske gegenüber, in der er Datentypen auswählen musste.

Und allerspätestens jetzt war die Usability für den „normalen" Anwender beim Teufel, von der anschließenden Auswertbarkeit solch einer Umfrage mal ganz zu schweigen.

Was macht Man(n) oder Frau heute? Na genau das gleiche, was man tun würde, wenn man im privaten Umfeld so etwas tun wollte – man schaut mal, was der App Store zu bieten hat. Und der bietet für das Thema „Umfrage" in SharePoint 2013 – Stand 03.02.2015 – 11 Apps an, einige sogar kostenlos. Das Schöne daran ist, auch für den Admin wird die Sache einfacher.

Ganz sicher wird nicht jeder Benutzer, auch nicht jeder Power User, einfach mal so im SharePoint Store Einkaufen gehen können/dürfen. Was er aber tun kann, ist die App anfordern, die er haben möchte, so dass sie der Admin nur noch bereitstellen muss.

Ok, das war jetzt ein sehr einfaches Beispiel. Es zeigt aber ganz deutlich auf, in welche Richtung sich das Verhältnis von Anwendern zur Technik, zu Portalen und zu Lösungen entwickelt. Eine Lösung für ein Problem oder einen Prozess wird der Anwender zukünftig in einer Auswahl an Tools oder Apps erwarten, aus der er sich nach Belieben bedienen kann, ohne vorher einen aufwendigen Prozess zu durchlaufen oder gar um Erlaubnis zu bitten.

Hier sieht sich die zentrale IT Abteilung/IT Strategie einer großen Herausforderung gegenüber, nämlich mit den Erwartungen und Ansprüchen der Endanwender, die diese im privaten Sektor sammeln, schrittzuhalten. Die Frage, die beantwortet werden muss, ist, ob für jede Alltagssituation im

Arbeitsumfeld oder für zeitlich befristete Lösungen und Szenarien jedes Mal eine zentrale Lösung bereit gestellt werden muss oder ob man nicht dem Anwender zukünftig ermöglichen sollte, aus einem abgestimmten Set an Tools/Apps das auszuwählen, was er gerade benötigt. Anarchie?!

Nutzt also zukünftig einfach jeder **was** er will, **wie** er will und **wann** er will? NEIN! Es wird immer auch den Bedarf an zentral und redaktionell zur Verfügung gestellten Inhalten und Funktionen geben. Für abgestimmte und zentrale Prozesse, wie z. B. einen Urlaubsantrag, eine Rechnung oder das Onboarding eines neuen Mitarbeiters etc. macht es durchaus Sinn, Standardvorgehen zu definieren und verpflichtend vorzugeben.

Ob jetzt ein Link/eine App, mit der man sich ein Poolfahrzeug reservieren kann, zentral auf der Startseite des neuen Intranet-Portals platziert werden muss, wage ich auch zu bezweifeln, ganz einfach deswegen, weil es nur von einer begrenzten Zahl an Mitarbeitern benötigt wird. Hier macht es also eher Sinn, so etwas als App im unternehmenseigenen App-Store anzubieten und wer öfter ein Poolfahrzeug benötigt, pinnt sich diese App auf seine Startseite.

Der Mix macht's, und klar ist, dass dieser Mix bei einem 20 Personen Startup anders aussehen wird, als bei einem alteingesessenen Unternehmen mit 20.000 Mitarbeitern. 80/20 ist hier eine gute Faustregel, also 20 % redaktionell vorgegebene Inhalte und Strukturen und 80% in der Verantwortung von Teams oder dem Einzelnen.

Das mag jetzt viel bzw. wenig erscheinen, wenn wir die 20 % redaktionell und zentral vorgegebenen Inhalte, Prozesse und Tools betrachten, aber glauben Sie mir, gerade in Anbetracht der nachrückenden Generation ist das nicht viel. Das Business findet einen Weg – und der Anwender holt sich was er braucht. Denn genau das macht er Tag für Tag in seinem privaten Umfeld.

Mal nebenbei. Was hat denn den Siegeszug von Microsoft Betriebssystemen und den Office Lösungen in Unternehmen ausgemacht? Hier gibt es bestimmt sehr viele sehr schlaue Antworten und mindestens so viele unterschiedliche Meinungen. Ich glaube, dass ein Großteil des Erfolgs damit zu tun hat, dass ab Anfang der 2000er Jahre in nahezu jedem Haushalt ein PC mit Microsoft Windows und Office zu finden war. Die meisten davon mit nicht lizensierten Versionen, aber das steht auf einem anderen Blatt.

Ich bin der festen Überzeugung, dass Apps und die Idee/Philosophie dahinter, unsere Art zu arbeiten und wie Portallösungen zukünftig aussehen, sehr stark beeinflussen werden. Dass Aspekte und Einflüsse aus dem privaten Sektor in den beruflichen Alltag übernommen werden, weil sie im privaten Umfeld funktionieren und als valide gelernt und abgespeichert wurden, haben wir am Beispiel Microsoft Windows und der Office Plattform in den späten 1990er und Anfang 2000er Jahren gesehen. „... klar, Windows, Word, PowerPoint, kenn ich von zu Hause".

Redakteure <-> the information finds YOU

Julia White, General Manager of Office 365 Technical Product Management (... interessanter Titel), hat zur Ankündigung des Tools Delve Folgendes geschrieben: *„With Delve, information finds you versus you having to find information"*.

Na das ist doch mal eine Ansage. Julia White hat übrigens auch gesagt, und zwar zu mir, dass es nicht stimme, dass sie zu schnell spräche, was sie aber definitiv tut. Es würde daran liegen, dass ich zu langsam zuhöre.

Aber zurück zum Thema. (Ich wollte nur subtil darauf hinweisen, dass ich mich schon mal mit ihr persönlich unterhalten habe.) Wenn dieses Versprechen so stimmt, dass alle relevanten Information, die mich betreffen, mich auch finden, was bedeutet das dann für die Heerschar an Redakteuren, die sich Tag für Tag überlegen, wie und wo sie welche Informationen platzieren, damit sie auch ja an der richtigen Stelle sind, wo sie der Anwender erwarten wird? Informationen zum Thema Krankenhaustagegeld z.B. unter „Versicherung & Tarife -> Wahltarife & Zusatzversicherungen -> Krankenhaus -> Krankenhaustagegeld -> Details". Werden wir die in Zukunft nicht mehr brauchen?

Auch hier ein klares NEIN, wir werden sie auch in Zukunft brauchen. Was dieser Fachgruppe, genau wie den Designern und Architekten von Portallösungen, ins Haus steht, ist eine Veränderung ihrer Tätigkeiten und Aufgaben. Was die Architekten und Designer angeht, so kommen wir dazu später, was die Redakteure angeht, jetzt.

Wenn man alle Buchstaben des Alphabets in allen möglichen Kombinationen kombiniert, erhält man automatisch alle möglichen Texte, die geschrieben werden können. Sobald man anfängt darüber nachzudenken wird klar, dass das zwar stimmt, aber praktisch einfach unmöglich ist – und selbst wenn, wer sollte das alles lesen können. Dazu kommt, dass ein sehr großer Teil davon einfach nur Buchstabenwirrwarr ohne Sinn wäre.

Interessant wird es dann aber noch einmal, weil man ja davon ausgehen muss, dass es nicht nur eine Sprache gibt usw., selbst wenn wir das Ganze auf sagen wir mal „Wörter dürfen maximal 10 Zeichen haben" begrenzen (Donaudampfschifffahrtselektrizitätenhauptbetriebswerkbauunterbeamtengesellschaft) und z. B. darauf, dass ein Text maximal 20.000 Wörter haben kann, ist das immer noch absolut unrealistisch.

Der Punkt ist, dass viele Portallösungen mit ganz ähnlichen Ansätzen geplant und umgesetzt werden. Also die Maxime: wenn wir alle Inhalte, die es im Unternehmen gibt, ins neue Intranet packen und jede Abteilung/Standort/Team einen Bereich bekommt und das dann auch noch alles untereinander querverlinkt wird, dann haben wir's. Das war ja einfach.

Nein, nein, mein Freund, so funktioniert das leider nicht. Aber wie funktioniert es bzw. was sind die Ansätze mit denen es in Zukunft funktioniert? Betrachten wir hier nun mal die Rolle des Redakteurs der Zukunft. Ein Problem, unter dem heutige Unternehmen und mit ihnen ihre Intranet-,

Extranet- und Internet-Portale leiden, ist die riesige Menge an Daten, die es zu strukturieren gilt. Das Dumme daran ist, dass es leider keine einheitliche Struktur gibt, denn ein Marketing Mitarbeiter wird ein Dokument, das z. B. ein neues Produkt beschreibt, in einem ganz anderen Kontext sehen, als z. B. sein Kollege aus dem Sales Bereich.

Die Lösung sind Tags und Taxonomien. Diese Methode ermöglicht es, ein und denselben Inhalt mehrfach einer Kategorie zuzuordnen, ohne den Inhalt selbst mehrfach ablegen zu müssen. Das gleiche Dokument kann also für den Marketing-Bereich mit dem Tag „neue Produkte" und für den Sales-Bereich mit dem Tag „Produkte bis 10.000 €" kategorisiert werden. Die Herausforderung für den Architekten, der die Informationsarchitektur entwirft, wird es sein, ein Konzept zu erstellen, in dem jeder die benötigte Information dort findet, wo er sie erwartet.

Die Aufgabe des Redakteurs hingegen wird es unter anderem sein, eine Taxonomie und Struktur von Metadaten wie Tags und Keywords zu erarbeiten, mit deren Hilfe Informationen im Kontext des Unternehmens, von Teams und von einzelnen Mitarbeitern intelligent kategorisiert werden können.

Wird dieses Thema rein von Redakteuren oder aus dem Projekt heraus angegangen, ist die Gefahr groß, dass es an den Bedürfnissen und Notwendigkeiten vorbei geht. Kein zentrales Team kann, egal wie sehr es sich bemüht, alle Facetten und Kategorien einer komplexen Struktur/eines Fachbereichs oder des (ganzen) Unternehmens kennen.

Klar macht es auch hier Sinn, gewisse Standards vorzugeben. Faustregel ist, je allgemeingültiger eine Kategorie ist, umso eher kann sie zentral und als verpflichtend vorgegeben werden. Beispiele dafür sind: verschiedene Standorte, die ein Unternehmen hat. Da besteht meist wenig Interpretationsspielraum und das wird auch von allen Anwendern gleich gesehen. Gar kein Interpretationsspielraum hat man als Unternehmen, wenn man sich für die sogenannte E-Bilanz (http://www.esteuer.de) entschieden hat. In diesem Fall werden Taxonomien vom Wirtschaftsministerium verpflichtend vorgegeben. Diese beziehen sich zwar nur auf steuerlich relevante Inhalte und können natürlich parallel zu einer unternehmenseigenen Kategorisierung verwendet werden.

Hier mal auszugsweise ein Beispiel für eine Taxonomie aus einem Internet Projekt:

- ❏ termset_confidential

  - ○ confidential
  - ○ confidential information
  - ○ restricted
  - ○ secret

- ❏ termset_software_list

  - ○ approved software
  - ○ authorised software
  - ○ software white list

- ❏ termset_Travel

  - ○ travel
  - ○ ravel policy
  - ○ travel request

Die Taxonomie in diesem Projekt umfasst insgesamt 51 Termsets und knapp 200 einzelne Terms. Die Metadaten werden nicht nur genutzt, um Inhalte zu kategorisieren, sondern auch um die Suche des SharePoint Portals zu optimieren. Sucht ein Anwender z. B. nach „travel request" erhält er, redaktionell gesteuert, als ersten Treffer einen Link zum Antragsformular für eine Geschäftsreise. Diese fachlichen Vorgaben zu erarbeiten, also welche Treffer bei der Suche nach einem speziellen Thema als oberstes angezeigt werden sollen, ist natürlich ganz klar auch eine Aufgabe für einen Redakteur.

PS: dieses Verhalten kennen wir analog von Internet Suchmaschinen. In aller Regel werden dort, abhängig vom Suchbegriff, als oberstes sogenannte gesponserte Links, also Werbeanzeigen, eingeblendet

Selbst wenn das Erarbeiten einer Taxonomie und von Termsets vorbildlich gelingt und durch den ein oder anderen Evaluierungsprozess gegangen ist bis es wirklich praxistauglich war – denn schließlich ist das eine recht neue Disziplin für Unternehmen und will auch erst mal gelernt und erprobt werden – bleibt dort immer noch ein Rest an Personen und Informationen, die einfach Top Down angesprochen und verabreicht werden müssen. Hier ist der klassische Intranet Redakteur dann ebenfalls wieder in seinem Element.

In jedem Unternehmen, Team oder Organisation gibt es Informationen, die gegebenenfalls unpopulär, erst mal wenig interessant oder so dringend und neu sind, dass man sich nicht darauf verlassen will oder kann, dass sie hoffentlich von allen gefunden und wahrgenommen werden. Sprich: Wenn es um die neue Arbeitszeitverordnung geht, will und kann ich mich nicht darauf verlassen, dass auch jeder Mitarbeiter hoffentlich dem Tag „neues aus der Verwaltung" folgt und somit darüber automatisch informiert wird. Ähnlich verhält es sich mit dringenden Informationen. „In SAP kam es zu einem Fehler. Bitte sofort alle die Anwendung schließen und keine Daten mehr ändern! Es droht sonst Datenverlust". So eine Meldung ist einfach zu dringend, um nur zu hoffen, dass sie auch jeden Betroffenen erreicht. Diese Beispiele werfen direkt mehrere neue Gedanken auf:

Im Zeitalter viraler Kommunikation und mit einem modernen Portaldesign, in dem solche Kommunikationsmittel doch sicher stark vertreten sind, sollte sich die Frage, ob das auch jeder zeitnah mitbekommt, eigentlich nicht stellen, oder?! Ist ein Intranet-Portal wirklich die richtige Plattform für ad-hoc Meldungen wie im Beispiel gerade eben beschrieben?! Usw. Auch hier gibt es kein klares JA und kein klares NEIN. Dazu sind Unternehmen und Teams einfach zu unterschiedlich. Ein paar Fakten/Einschätzungen kann man aber geben:

Unterschätzen Sie nicht die virale Kommunikation. Daten und Informationen fließen in sozialen Netzten oft sehr viel besser, als man erwarten würde und Neuigkeiten, zumindest die von hohem allgemeinem Interesse, verbreiten sich sehr schnell. Die Gefahr bei viraler Kommunikation besteht darin, dass der Wahrheitsgehalt oft einer gewissen Inflation unterliegt und auch Gerüchte oder Halbwahrheiten schnell die Runde machen und sich verbreiten.

Geht es also um Meldungen, die einen Systemausfall oder neue Regularien wie eine überarbeitete Arbeitszeitverordnung betreffen, sollte man sich nicht, jedenfalls nicht nur, auf solche interaktiven Kommunikationswege verlassen.

An dieser Stelle ein weiteres Beispiel aus einem Projekt:

Bei der Diskussion zum Thema Informationsarchitektur bzw. wo welcher Inhalt auf der Startseite platziert werden soll, wurde dem Kunden Folgendes geraten: *„Der Speiseplan muss ganz unten rechts auf die Startseite. Anwender werden dann immer erst die ganze Seite durchschauen, um zum Speiseplan zu gelangen. Sie lesen so auch alle Meldungen und sehen was es Neues gibt".*

Mal ganz ehrlich, halten Sie ihre Anwender für so dumm?! Wenn überhaupt würde das lediglich beim allerersten Aufruf des Portals funktionieren. Beim zweiten Mal weiß der Benutzer, der den Speiselan sucht, dass er unten recht platziert ist und wird zielsicher dorthin scrollen. Und selbst wenn wir mal für einen kurzen schwachen Moment annehmen, dass dieses System so funktionieren würde, was ist dann mit den Mitarbeitern, die nicht in die Kantine gehen? Bleiben die dann uninformiert, weil sie nicht jeden Tag das Portal erst einmal ganz durchlesen (müssen)?! – Also: wenn Ihnen ein Berater mit dieser oder einer ähnlichen Idee kommt, werfen Sie ihn am besten direkt raus!

Ein weiterer Aspekt, der bei diesem Thema zum Tragen kommt, ist das sogenannte 9 to 5 Problem. Sie wissen schon, der Typ Mitarbeiter, der morgens um 9:00 Uhr kommt, um 9:30 Uhr Frühstückspause macht („morgens halb zehn in Deutschland"), pünktlich in die Mittagspause geht und Punkt 17:00 Uhr den Heimweg antritt.

Verstehen Sie mich nicht falsch. Ich will hier weder die Mindestlohndebatte neu eröffnen, noch Anwender/Mitarbeiter mit dieser Einstellung abstempeln. Sie werden ihre Gründe haben, warum sie sich so verhalten, und die sind oftmals absolut berechtigt.

Es wird also immer auch einen gewissen Anteil von Anwendern geben, die sich nicht an solchen neuen Ansätzen und Lösungen beteiligen. Gerade wenn es um wichtige Inhalte geht, bei denen der Redakteur sicherstellen muss, dass sie alle erreichen, entsteht hier also eine Lücke/Problem.

Die Frage ist nun: Wie hoch ist dieser Anteil von Anwendern, die man so nicht erreicht und wie wichtig ist einem das. Baue ich meine Portallösung – gezwungenermaßen – so, dass ich auch noch die letzten 2 %, die sowieso erstmal gegen alles Neue sind, erreiche – oder baue ich sie für die 90 %, die solche Ansätze nutzen werden und gegebenenfalls sogar einfordern. Je nachdem zu welcher Entscheidung man hier kommt, sieht die Portalarchitektur und Philosophie danach vollkommen anders aus.

Dem aufmerksamen Leser wird nicht entgangen sein, dass hier noch 8 % fehlen (90 % von denen wir ausgehen, dass sie dem Thema aufgeschlossen gegenüberstehen bzw. es einfordern, 2 % NEIN-Sager). Für alle, die das Buch „Der kleine Machiavelli" gelesen haben: das ist der Typ „graue Maus".

Für alle, die es nicht gelesen haben: Lesen sie es! ISBN Nummer: ISBN-13: 978-3858425584. Der Typ „graue Maus" ist, egal bei welchem Thema und egal mit welchem Ansatz man eine Portallösung plant, eine Klientel mit Risikopotential.

Es sind eben diese Anwender, die weder JA noch NEIN sagen. Es sind die, die in ihrer eigene Welt und ihren festen Mustern leben und denken; also die, die es zu überzeugen gilt, denn: Es sind eben auch diese sprichwörtlichen „kleinen Fische", die so übel stinken können.

Wenn wir beim „kleinen Machiavelli" bleiben, trifft man auf diesen Typ Anwender/Mitarbeiter oftmals im Bereich des mittleren Managements – warum das so ist, ergibt sich aus dem grundlegenden Charakter dieser Klientel. Wer generell nie so richtig JA und nie so richtig NEIN sagt, wird damit einen gewissen Erfolg haben, für ganz nach oben reicht es aber nicht => mittleres Management.

Um ein Vorhaben, wie z.B. ein neues Intranet Portal, direkt im Keim zu ersticken, reicht es der mittleren Entscheidungsebene meist nicht an Einfluss und Kompetenz. Es aber von innen heraus zu torpedieren und madig zu machen, ist von dort aus sehr einfach.

Sehr treffend hat dies Phänomen auch Dietrich Dörner, Professor für Psychologie mit dem Forschungsschwerpunkt Kognitive Psychologie, Denken und Handlungstheorie auf den Punkt gebracht. In seinem Buch „Die Logik des Misslingens"[10] findet sich folgender Satz: *„Menschen, wenn sie schon nicht Recht haben, behalten es doch gerne, und dies besonders in Situationen, in denen ihnen Zweifel und Unsicherheit zusetzten."*

Hier kommt also dem Redakteur und dem Verantwortlichen für die Themen Kommunikations- und Einführungskonzepte eine sehr wichtige Rolle zu. Nichts überzeugt mehr, als einfache und intuitive Funktionalität. Nichts ist schlimmer, als wenn ihnen ein Anwender sagt: "… warum sollte ich das neue Portal nutzen, mein Abteilungsleiter macht es doch auch nicht" – und ein ganz wichtiger Grundsatz hier ist:

Ausstiegsmöglichkeiten anbieten – wenn die einen mitmachen und die anderen nicht, DENN Menschen stehen nicht gerne als Trottel da.

Ein Beispiel für so eine Ausstiegsmöglichkeit:

Fileserver werden abgelöst. Alle Inhalte werden zukünftig in Share-Point Bibliotheken gespeichert. Ein Problem hat man hier dann meist mit Anwendern, die eben nun mal seit sie mit IT Systemen arbeiten an Ordner gewöhnt sind und sich mit dieser nun neuen Weboberfläche unsagbar schwer tun. Vielleicht hat der Mitarbeiter auch gar keine Motivation, sich auf was Neues einzulassen, weil er sich denkt: „Hey, noch 14 Monate, dann geh ich so wieso in Rente".

Genau aus solchen Situation und Konstellationen entstehen die „kleinen stinkenden Fische", die im Projekt dann Probleme machen. Und um zum Beispiel zurückzukommen, könnte man ganz einfach mit OneDrive for Business und der Synchronisation von Bibliotheken in das Filesystem des Client PC's eine „Ausstiegsmöglichkeit" bieten.

Beispiel und Skizzen für Portallösungen/Designideen, die auf dem Ansatz „Nichts überzeugt mehr, als einfache und intuitive Funktionalität" aufbauen, finden Sie im Kapitel „let's Rock" im zweiten Teil des Buchs.

Let's customize Facebook

Warum „Facebook at Work" (https://www.facebook.com/help/work) nicht funktionieren wird, sehen wir nachher noch.

„… Sie würden ja auch Facebook nicht anpassen und nehmen es wie es ist". Diesen oder ähnliche Sprüche hat inzwischen wohl jeder schon mal gehört. Facebook kann man dabei flexibel durch andere Tools und Services wie Salesforce, LinkedIn, Xing usw. ersetzen.

Für sich genommen ist diese Aussage, dass wir diese Services und Tools, genauso wie entsprechende Clientprogramme wie Word und Power Point, nehmen wie sie sind, richtig. Bei Excel wird's schon schwammiger, dazu aber gleich mehr. Zwei Aspekte, die diese Aussage, nimm die Tools wie sie sind, relativieren:

1. Facebook, LinkedIn, Salesforce usw. konnten wir von Anfang an nicht anpassen. Daher sind wir es auch gewohnt, diese Tools zu nehmen wie sie sind. Wobei auch das so nicht ganz stimmt. In bisher jedem Yammer Projekt, das ich begleitet habe, kam früher oder später die Frage nach irgendeiner Anpassung und ob man nicht diese und jene Funktion einbauen oder ändern könnte, bzw. dass das Firmen CI umgesetzt werden müsse. Also auch hier ist die vorherrschende Einstellung der Kunden nicht unbedingt „wir nehmen es wie es ist".

2. Das Yammer-Beispiel leitet über zu Punkt zwei. Natürlich können wir Yammer, Facebook, Salesforce etc. anpassen/customizen. Für all diese Services und Tools besteht die Option, Apps bereitzustellen oder eine API Schnittstelle zu nutzen, um dann z. B. wie aktuell in einem Projekt umgesetzt, mittels eines Windows Azure Jobs in Yammer gewisse Regeln zu erzwingen. Ob das empfehlenswert oder gar eine gute Idee ist, steht auf einem anderen Blatt. Spätestens seitdem auch für die Office Client Anwendungen eigene Apps bereitgestellt werden können, ist dieser Ansatz: „nimm die Tools wie sie sind" aufgeweicht – und zwar aus Anwender-Sicht. Technisch ist es nämlich etwas ganz anderes, ob man Funktionalität durch Anpassung und Manipulation der Anwendung an sich oder durch eine App, also von außen kommend, „draufsetzt" bzw. bereitstellt.

Wie angekündigt nun zum Excel-Beispiel. Excel ist explizit dafür gemacht, angepasst zu werden. Durch Formeln, Verweise, externe Datenquellen, Filter, Pivot-Funktionen usw. können wir mit Excel sehr komplexe Datenblätter erstellen. Jeder, der mit diesem Thema schon zu tun hatte, war auch mindestens einmal an dem Punkt, wo er es bitter bereut hat, dass er damit anfing. Und zwar weil solche Excel Sheets sehr schnell so komplex werden, dass sie schwer bis gar nicht mehr nachhaltig eingesetzt werden können.

Nein, wir steigen hier jetzt nicht in Excel-Programmierung, BI oder gar objekt-/serviceorientierte Entwicklungsmodelle ein, die solche Szenarien behandeln und Ansätze aufzeigen, um diese Probleme in den Griff zu bekommen. Vielmehr geht es mir darum, dass jedermann solche Fälle kennt; Excel- Dateien oder auch Access Anwendungen, die nur deswegen noch genutzt werden, weil niemand mehr in der Lage ist, die Logik und die Funktionen, die darin gekapselt sind, aufschlüsseln und zu portieren. Access – der Fluch jeder nachhaltigen Lösungsentwicklung!

Mal ehrlich, Access ist Fluch und Segen zugleich für die IT gewesen, meiner Meinung nach mehr Fluch, da es nämlich jedem durchschnittlich begabten IT'ler ermöglichte, Anwendungen zu erstellen, die irgendwann kein Mensch mehr beherrschen, anpassen oder gar weiterentwickeln konnte.

Ein anderes Beispiel: Access Services in SharePoint. Welchen Sinn macht es denn bitte, eine Datenbankanwendung in eine Datenbank zu packen?! Hier geht der SQL Server Admin etwas mit mir durch. Access als Frontend Tool für Datenbanken – okay, das kann durchaus Sinn machen.

Das Excel- und Access-Beispiel zeigen anschaulich die Probleme und Fallen auf, wenn Anpassungen und Eigenentwicklungen zu wuchern beginnen. Im konkreten Fall, also bei solchen Excel oder Access basierten Lösungen, resultiert das darin, dass solche Anwendungen irgendwann, weil sich beteiligte Systeme und Verweise geändert haben, nicht mehr funktionieren und sie keiner mehr durchschauen wird.

Ist das aber jetzt der Grund, warum wir Portale nicht mehr an unsere individuellen Anforderungen anpassen sollten? Weil Customizing grundsätzlich im Chaos endet? Ganz so sehe ich es nicht, auch wenn Anpassungen oft Probleme verursachen. Selbst wenn sie erst mal einwandfrei funktionieren, was ja leider auch nur selten auf Anhieb der Fall ist, so werden sie spätestens bei Themen wie Migration, Upgrade etc. zum Problem. Es wird immer die Notwendigkeit von Anpassungen geben. Die Frage ist eher, was davon tatsächlich sein muss und was nicht. Beim Thema Customizing von Share-

Point, gerade von SharePoint Online, wird sich einiges ändern. Das Stichwort hier ist „remote provisioning". Dazu kommen wir im zweiten Teil des Buches etwas detaillierter.

Customizing von Portalen?! Die IT muss aufhören, zu denken, bzw. lernen, dass sie nichts Besonderes mehr ist. Vor 50 Jahren ja, aber inzwischen ist sie alltäglich wie ein Autohändler oder ein Handwerker um die Ecke, und da fängt man ja auch nicht jedes Mal von ganz vorne an zu planen und zu entwerfen. Man wählt aus dem Angebot z.B. des Autohändlers. Gut, da gibt es verschiedene Modelle und einen Konfigurator, Sonderausstattung und Angebote, aber nur selten kommt jemand auf die Idee und lässt sich ein Auto ganz nach seinen Wünschen von der Pike auf neu bauen. Wenn ein solcher Fall eintritt, also dass sich jemand ein Auto ganz nach seinen Wünschen bauen lässt, dann entweder weil er das nötige Kleingeld hat oder es einen triftigen Grund gibt.

Nehmen wir ein anderes Beispiel, das etwas eingängiger ist: Kein Mensch käme auf die Idee, sich Werkzeuge wie einen Schraubenschlüssel etc. selbst zu entwerfen und zu bauen. Man nimmt die Werkzeuge, die es im Baumarkt gibt und baut nicht jedes Mal ein neues. Jedenfalls nicht, wenn es um Standard-Anwendungsfälle geht. Und genau wie bei so alltäglichen Dingen wie Werkzeugen, ist es inzwischen auch in der IT geworden. Da gibt es die 200-teilige Werkzeugkiste von Aldi (das ist quasi der App Store bzw. hauptsächlich sind es die kostenlosen sowie die 1€-Apps) und das Werkzeug-Set vom Hersteller für Industriebedarf (das ist dann die teure App aus dem App Store oder die Lösung vom ISV). Je nachdem für welchen Einsatzzweck, wählt man das Eine oder das Andere.

Das ist also viel eher die Bedeutung hinter der Aussage: „man würde ja auch nicht Facebook oder Word anpassen wollen". Weil die Tools nämlich erst mal so gut funktionieren wie sie sind, lassen sich damit sehr viele Aufgaben und Anforderungen auch direkt erledigen.

Für den Fall, dass man jetzt doch ein Spezialwerkzeug braucht, also custom Development, empfehle ich Ihnen wärmstens, pragmatisch, am Standard und angelehnt an der aktuellen Strategie der Hersteller/Microsoft zu arbeiten.

Auch in SharePoint 2013 und wohl auch in SharePoint 2016, zumindest in der on-prem Version, werden wir in der Lage sein, gute alte Farm Solutions und Sandbox Solutions zu deployen. Empfiehlt sich das? NEIN! Bedeutet das, dass wir uns von Liebgewonnenem und müßig Erlerntem verabschieden müssen? JA! Auch dazu etwas mehr in Teil 2.

Zum Abschluss noch ein Beispiel zum Thema „nah am Standard bleiben", bzw. auch hier ein Negativbeispiel, das den Wahnsinn, den Sinn und Unsinn sowie die Auswirkungen von Anpassungen aufzeigt.

Auszug aus einer Mail:

„folgende Punkte haben wir noch gefunden:

- *Der Abstand zwischen Überschrift und Text ist hier ca. 30px, er soll aber nur 25px sein (Bild 1 siehe unten).*
- *Bitte außerdem den Abstand von unterm Bild auch für rechts vom Bild verwenden (Bild 1).*
- *Kannst du bei der Gelegenheit den Abstand zwischen Überschrift 2 und Text auf 15px setzen, auch wenn dies ursprünglich anders definiert war (Bild 2)?*
- *Der Abstand über Überschrift 1 lässt die rechte Spalte über die Seitenüberschrift rutschen, da dieser größer ist, als der Abstand zum oberen Rand der rechten Spalte. Bitte ggf. rechts anpassen. (Bild 3)*
- *Bei mehrzeiligen Überschriften entsteht ein großer Abstand. Kann man den verringern (Bild 4)?"*

Die Mail ging noch um einige Punkte mit dem gleichen Kontext weiter. Zum Hintergrund: Der Kunde hat das Page Layout, das CSS, die Styles und einfach alles, was irgendwie mit dem Aussehen von SharePoint zu tun hat, komplett angepasst. Hätte es sich hier um ein Internet-Portal gehandelt, wäre das ja vielleicht noch nachvollziehbar gewesen bzw. wäre man in diesem Fall anders vorgegangen. (Ein Beispiel einer WCM-Lösung auf Basis von SharePoint können Sie sich hier anschauen: www.freudenberg.com. Allerdings wurde hier auch nicht SharePoint nativ verwendet. Zum Einsatz kam zusätzlich IronSharePoint https://github.com/ExpertsInside/IronSP). Zurück zu dem Negativbeispiel mit den Design-Anpassungen: Für ein reines Intranet-Portal ist man hier für meinen Geschmack etwas über's Ziel hinausgeschossen. Die Auswirkungen eines so tiefen Eingriffs zeigen sich dann z.B. in solchen Effekten wie: *„Der Abstand über Überschrift 1 lässt die rechte Spalte über die Seitenüberschrift rutschen".* An die Auswirkungen bei einem Upgrade will ich hier noch gar nicht denken.

Auch bei dem Thema Customizing, egal ob es um reine Design- und CI-Themen oder um Funktionalität geht, ist die 80/20 Regel ein guter Ratgeber. 20 % Customizing sind okay und vertretbar, was Aufwand und Komplexität angeht.

Bei speziellen Anforderungen können es sicherlich auch mal 30 % oder 40 % sein. Grundsätzliche Dinge aber, wie Kollaborationsräume auf Basis von Teamseiten immer direkt mit einer ganz persönlichen Note versehen zu wollen, ist in sehr vielen Fällen gar nicht nötig (und im Falle von „Groups" auch fast nicht möglich. Zum neuen Feature „Groups" kommen wir auch noch in Teil 2). Dem Anwender ist oft schon mit Kleinigkeiten, wie einem Gruppenkalender oder einer Taskliste geholfen. Dabei ist es für die Funktionalität vollkommen egal, ob das CI zu 100 % getroffen ist oder ob es 25px oder 30px sind.

Übrigens, bei einer Auflösung von 1024x768 ist ein Pixel ca. 0.298mm groß. Die gewünschte Änderung aus der Mail oben von 30px auf 25px hat also eine Auswirkung von 1,49mm. Das ist ja schon einiges. Da lohnt es sich, dass der Entwickler nochmal „Hand anlegt". Bei 1920x1080, also Full HD, sind es ganze 0.173mm pro Pixel, also 0,865mm – wollen Sie wirklich für so etwas ihr Projektbudget ausgeben?! Oder kann eine einfache Content Seite nicht eben auch einfach mal nur eine einfache Content Seite sein und gut ist – analog der Idee vom Werkzeugkastenset aus dem Baumarkt und der App aus dem App Store und dem Auto aus dem Katalog. Nicht weil in Zukunft alles gleich aussehen soll, sondern weil Standardisierung bei alltäglichen Gebrauchsgütern, und das sind IT-Lösungen und mit ihnen Portale inzwischen geworden, einfach viele Vorteile hat.

Puh, jetzt hab ich aber allen Entwicklern, ISV's, Design- und Webagenturen gehörig ans Schienbein getreten. Tja, was soll ich sagen? Ich verweise einfach nochmal auf das Beispiel mit dem mechanischen Webstuhl aus dem Kapitel „Mitarbeiter – Anwender – User – Digital Natives" und füge hinzu, dass ich nicht glaube, dass wir keine individuellen Designs und Lösungen mehr sehen werden. Ich spreche hier auch nicht von individuellen Prozessen, die abgebildet werden müssen oder z.B. von öffentlichen Bereichen eines Portals, wo es sehr wohl auf akkurates und pixelgenaues Design ankommt. Ich spreche von den alltäglich genutzten Content und Kollaborationsbereichen, von Prozessen, wie einfachen Freigabe-Workflows oder dem Erstellen eines Mitarbeiterverzeichnisses, die, so wie sie im Standard zur Verfügung stehen, durchaus gut zu gebrauchen sind. Erfahrungsgemäß machen solche Standardanwendungsfälle 70% oder mehr der Inhalte von Portalen aus.

Microsoft bedient den hier beschriebenen Ansatz mit einem neuen Paradigma: „Group Productivity". Dieses Paradigma ist die Antwort auf den größtenteils gescheiterten Ansatz der Enterprise „social" Intranet und Portale. Group Productivity fasst eine Anzahl von Tools und Werkzeugen zusammen, die allesamt zum Ziel haben, Teams, aber auch den Einzelnen, schnell, einfach und effektiv mit dem auszustatten, was er für seine tägliche Arbeit benötigt. Dabei lassen sich die Tools und Lösungen grob in zwei Kategorien unterteilen:

- Auf der einen Seite haben wir Lösungen zum Erfassen, Aufbereiten und Teilen von Daten, Inhalten und Information wie z.B. Sway, die Office 365 Groups oder Yammer.
- Auf der anderen Seite bieten Tools wie Delve, Techniken wie Boards und das Feature „Codename Infopedia" Lösungen, um Information kontext- und personenbezogen zu erhalten.

Als ein zentrales Element wartet Microsoft mit einer neuen Vorlage innerhalb von SharePoint auf – den sogenannten Microsites. Diese Seiten haben im Vergleich zu Team-Seiten einen reduzierten Funktionsumfang, sind dafür aber sehr einfach zu erstellen und zu pflegen. Ziel ist es, ähnlich wie beim Features Sway, das genau wie die anderen hier angesprochenen Techniken im Rahmen des Buches noch ausführlicher erläutert werden wird, dem Anwender einfache und effektive Werkzeuge an die Hand zu geben.

Microsites bringen einen neuen und sehr leistungsfähigen Editormodus mit. Zusammen mit der Möglichkeit Office Dokumente, wie z.B. eine Power-Point Präsentation, direkt in die Microsite zu integrieren, können so sehr schnell und einfach Informationen und Inhalte erfasst bzw. bereitgestellt werden. Aggregierte Informationen basierend auf Machine Learning Lösungen wie Delve oder dem Feature „Codename Infopedia" werden durch vorkonfigurierte WebParts eingebunden.

Das Tool Sway (https://sway.com) hingegen ist ein Präsentations- und Notiz-Werkzeug, das ein bisschen was von PowerPoint, ein bisschen was von OneNote und ein bisschen was von einem Blog hat. Es kann unabhängig und losgelöst von SharePoint genutzt werden. Mit Sway können sehr schnell und einfach Informationen und Inhalte zu einem Thema aggregiert, präsentiert und mit anderen geteilt werden. Es hat nicht ansatzweise den Funktionsumfang von PowerPoint oder die komplexen Möglichkeiten von OneNote, aber ich behaupte, dass es in einer Vielzahl von Fällen absolut ausreicht, um mal eben schnell eine Präsentation zu erstellen und mit anderen zu teilen – und das ist die Idee hinter dem Slogan „Group Productivity".

/_layout/Der Plan

> Ja, mach nur einen Plan, sei nur ein großes Licht,
> und mach noch einen zweiten Plan,
> gehen tun sie beide nicht.
> *Bertolt Brecht, deutscher Dramatiker und Lyriker*

Das 80/20-Verhältnis oder die 80/20-Regel wurde hier schon mehrfach angesprochen. Der Erste, der dieses Verhältnis, das augenscheinlich eine signifikante Aufteilung bei ganz verschiedenen Themen zu sein scheint, geprägt hat, war Vilfredo Pareto (1848–1923). Nach ihm ist auch das Paretoprinzip, benannt. Vilfredo Pareto beschreibt, dass 80 % der Ergebnisse in 20 % der Gesamtzeit eines Projekts erreicht werden. Die verbleibenden 20 % der Ergebnisse benötigen 80 % der Gesamtzeit und verursachen die meiste Arbeit. (Quelle: http://de.wikipedia.org/wiki/Paretoprinzip)

Ich kann das aus meiner eigenen Erfahrung nur bestätigen. Das Thema 80/20 wird in Teil 2 des Buches in einem eigenen Kapitel hinsichtlich seiner Gültigkeit und Ausprägung bei der technischen Implementierung behandelt. Beim Erarbeiten einer Roadmap und eines Zeitplans für ein Projekt muss man sich dieses Verhältnisses aber genauso bewusst sein. In diesem Sinne und mit eben dieser Tatsache im Hinterkopf, nun also zum Thema „Projektplan":

Wenn's funktionieren soll, dann ...

Eine Grundregel bzw. Erfahrung bei Projektplänen bzw. Projektmanagementplänen, genauso wie bei anderen komplexen Plänen und Szenarien besagt, dass sie nicht funktionieren werden, jedenfalls nicht so, wie sie irgendwann mal aufgesetzt wurden. Das bedeutet nicht, dass sie gar nicht funktionieren und schon gar nicht, dass man keinen Plan/Projektplan bräuchte. Es besagt ganz einfach, dass so komplexe Dinge wie ein Projektplan ein gewisses Eigenleben entwickeln, anfällig sind für Einflüsse von außen und eben nicht auf Punkt und Komma aufgehen. Wenn man das von vorneherein im Blick hat, verzweifelt man nicht so leicht, wenn manche Punkte nicht zum Tag X wie geplant fertig sind.

Trainingsplan

Es ist tröstlich zu wissen, dass das weder eine Eigenart von Projektplänen/Projektsteuerungsplänen noch von IT-Projekten ist. Bestes Beispiel, der Berliner Flughafen ... wobei dort der Fehler bzw. die Fehler sicherlich auch noch wo ganz anders zu suchen sind. Ein Beispiel aus meiner eigenen Erfahrung sind Trainingspläne im sportlichen Bereich. Die erste Regel beim Trainingsplan: Er wird nicht aufgehen! Und zwar, weil einem, anders als beim Projektplan für ein IT-Projekt, Dinge, wie das Wetter, die Tagesform (obwohl, die kann auch in einem IT-Projekt zum Problem werden), Verletzungen, Defekte am Sportgerät usw. in die Quere kommen können.

Trotzdem macht man als ambitionierter Sportler Trainingspläne und orientiert sich auch daran. Wenn ein Trainingsplan zu 70 % oder mehr umgesetzt wurde, ist das ein durchaus akzeptables Ergebnis. Beim Projektplan verhält es sich ähnlich.

Und noch ein paar Analogien lassen sich zum Trainingsplan eines Sportlers aufzeigen:

- Ein Trainingsplan verfolgt immer ein definiertes Ziel.
- Er wird, während des Trainings, auf die Gegebenheiten und Veränderungen angepasst, ohne das Ziel aus den Augen zu verlieren.
- Er bildet die Basis für die nächsten Ziele/Herausforderungen.

Und: Trainiere nicht mit Musik! Gut, da gibt es unterschiedliche Meinungen. Ich bin da selbst immer wieder hin und her gerissen. Das Problem beim Training mit Musik, gerade beim Lauf- oder Radtraining ist, dass man sich dem Rhythmus der Musik anpasst, anstatt den Trainingsschwerpunkt zu beachten. Das geht ganz automatisch und man kann sich auch nicht wirklich dagegen wehren.

Von daher ist auch das eine weitere sehr gute Analogie zum Projektplan bzw. dem Projektalltag. Oftmals beeinflussen Faktoren von außen das Projekt und meistens ist es sehr schwer, sich dagegen abzugrenzen. Das liegt gerade bei Portallösungen in der Natur der Sache. Portallösungen sind in aller Regel Kollaborations- und Publikationsplattformen und greifen damit tief in den Arbeitsalltag der Anwender ein. Stichwort hier: **Changemanagement**. Aber dazu mehr im Kapitel „Changemanagement".

Ein weiterer Faktor ist die hohe Agilität solcher Projekte. Dass also Einflüsse von außen, wie die Verschiebung der Timeline, neue Anforderungen und Probleme mit abhängigen Prozessen oder Systemen den Projektplan beeinflussen und zu Änderungen zwingen, ist nicht die Ausnahme sondern die Regel. Seien Sie also darauf vorbereitet und überlegen Sie sich vorher, wie Sie darauf reagieren wollen und wie Sie damit umgehen können. Es ist wichtig, dass Sie bereits in der Planungsphase festlegen, wie mögliche Eskalationsszenarien aussehen könnten, dass Alternativszenarien bereitstehen und dass klar definiert ist, wer im Projekt welche Entscheidung zu treffen hat, wenn es darauf ankommt. Hier ist das Stichwort: **Managementunterstützung**.

Gestaltungsprinzipien

Bevor man anfängt einen Projektplan aufzustellen, gilt es festzulegen, was erreicht werden soll. Und dabei spreche ich von handfesten Zielen. Erinnern Sie sich an die Definition zum Thema Datenmanagement im Unternehmen aus dem Kapitel „Das Problem ist nicht neu – welches Problem eigentlich": *„Planen, Gestalten, Überwachen und Steuern von Informationen und Kommunikation im Unternehmen zur Erreichung der strategischen Unternehmensziele"*. Träumereien wie „Im Intranet sollen sich alle wohlfühlen" sind bei dieser Zielfindung fehl am Platz. Klar sind eine gute Usability und Akzeptanz entscheidende Faktoren, es sind aber keine Ziele in diesem Sinne, sondern es sind Mittel zum Zweck.

Wenn wir uns anschauen was Tools wie z. B. DropBox oder Doodle so erfolgreich gemacht hat, dann lässt sich das auf eine Gemeinsamkeit zusammenfassen: sie funktionieren! Und darum muss es auch beim Projektplan gehen. Er muss funktionieren. Und damit er das kann, muss ein Projektplan ein paar Grundvoraussetzungen immer erfüllen. Ebenso muss er ein paar Aspekte immer beinhalten, damit das Projekt zum Erfolg wird. Der Rest ist dann nur noch halb so schwer.

Grundvoraussetzungen für den Projektplan:

- Das Ziel des Projekts muss klar sein!
- Im Fall von Portalprojekten soll er auf einem agilen Modell beruhen.
- Er legt Zuständigkeiten, Abhängigkeiten und Verantwortlichkeiten fest.
- Er beschreibt sowohl Funktionen (was soll umgesetzt werden) als auch Anforderungen (wie soll es umgesetzt werden und welche Abhängigkeiten bestehen).
- Er zeigt auf, WIEVIEL welche Anforderung kostet bzw. welcher Aufwand dafür zu erwarten ist.
- Er sieht mehrere Zwischenziele vor.

- Technische Rahmenparameter, benötigte Test- und Entwicklungssysteme sind definiert und es ist klar, wann sie zur Verfügung stehen müssen.
- Governance-Themen sind adressiert.
- Hard- und Softwarevoraussetzungen sind geklärt.
- Ein Einführungs- und Kommunikationskonzept ist vorgesehen.

Durch diese Aufzählung wird deutlich, dass der Projektplan nicht ein einziges Dokument sein kann. Klar, es muss eine Übersicht und einen Masterplan geben. Die einzelnen Themen müssen jedoch je nach Projekt und Rahmenparameter in einzelne Zuständigkeiten und Teilaspekte aufgeteilt werden. Wichtig dabei ist, dass alle Teilbereiche in Abhängigkeit zum Masterplan konsistent bleiben.

Aspekte, die berücksichtigt werden müssen:

❏ Ausstiegsmöglichkeiten bieten – wichtig, wenn die einen kooperieren und die anderen nicht; DENN: die Menschen stehen nicht gerne als Trottel da
❏ Komplexität nicht über vereinfachte Grundannahmen ausblenden
❏ Mitarbeiter müssen die Regeln als legitim wahrnehmen und verstehen, andernfalls werden sie erhebliche Energie investieren, um sie zu umgehen
❏ Regeln:

  ○ Übereinstimmung mit lokalen Gegebenheiten
  ○ gemeinschaftliche Entscheidungen
  ○ Personen, die überwachen, sind Teil des Teams oder dem Team gegenüber Rechenschaft schuldig
  ○ Sanktionen müssen glaubhaft sein
  ○ Lösungsszenarien müssen schnell, günstig und direkt sein
  ○ eingebettete Bereiche – polyzentrische Systeme, die sich gegenseitig bedingen, respektieren und berücksichtigen

❏ Anreize schaffen, Gamification, – Belohnungssysteme müssen glaubhaft und transparent sein

Fast alle Punkte zum Thema „Aspekte, die berücksichtigt werden müssen" stammen aus dem Buch „Was mehr wird, wenn wir es teilen"[4] – von Elinor Ostrom. In dem Buch geht es, wie der Titel schon vermuten lässt, nicht um IT-Projekte. Elinor Ostrom wurde 2009 als erste und bisher einzige Frau der Alfred-Nobel-Gedächtnispreis für Wirtschaftswissenschaften zuerkannt. Sie schreibt in diesem absolut lesenswerten Buch über Selbstorganisation und Verantwortlichkeiten in komplexen Systemen. Interessant ist, dass diese Themen und Aspekte auch hier fast zu 100 % passen.

Noch ein Gedanke zum Thema Gamification: Das beste Beispiel, dass Gamification funktioniert, ist der aktuelle Hype um die Fitnessarmbänder bzw. Self Tracking Systeme. Seit Jahren predigt uns die Medizin, dass wir uns zu wenig bewegen, ungesund essen, zu wenig schlafen usw. Mit der Einführung von Fitnessarmbändern und Self Tracking Systemen fingen viele plötzlich an, all diese Aspekte zu beherzigen und das nicht, weil sie in einem Buch darüber gelesen haben oder ihr Arzt es ihnen geraten hat.

Der spielerische Ansatz bringt uns dazu, abends nochmal eine Runde um den Block zu laufen, weil der Schrittzähler sagt, dass man sich noch nicht genügend bewegt hat. Das Abendessen orientiert sich am Kalorienzähler für den Tag usw. Ist das tägliche Bewegungspensum erreicht oder die maximale Kalorienzahl nicht überschritten, erhalten wir eine positive Bewertung, Punkte in unserer Statistik oder sehen, dass wir besser waren als ein Kollege; sprich, wir haben ein Erfolgserlebnis. Nicht zuletzt diese kleinen Erfolge und positiven Erfahrungen bringen uns dazu, gesünder zu essen, uns mehr zu bewegen oder auf ausreichend Schlaf zu achten. Gamification funktioniert! Und das sogar ohne, dass es tatsächlich etwas Reelles zu gewinnen gibt. Nutzen Sie diesen menschlichen Urinstinkt/ Spieltrieb in Ihrem Projekt aus.

... und noch ein paar Tipps:

- ❏ Wie viele Lösungen/Tools haben Sie bereits im Einsatz?
- ❏ Was war an diesen Lösungen/Tools erfolgreich und warum war es erfolgreich?
- ❏ Was hat nicht funktioniert und warum?
- ❏ Nutzen Sie bestehende Lösungen bzw. integrieren Sie sie oder bauen Sie darauf auf!

Übrigens: Ein schönes Beispiel, funktionierende Konzepte und Modelle zu nutzen bzw. zu adaptieren, ist die Rubbellos App „Rublys". Rubbellose sind eine seit Jahren beliebte Sache. Um das Konzept nun in die moderne Smartphone-Welt zu portieren, hat ein findiger Entwickler eine Rubbellos App für Smartphones entwickelt. Man muss tatsächlich auf dem Display des Smartphones rubbeln, um die Symbole sichtbar zu machen – ganz wie bei der klassischen Variante. Und das kommt richtig gut bei den Nutzern an.

Ein Projektplan, der all dies beherzigt, hat ganz sicher eine gewisse Komplexität. Das bedeutet aber nicht automatisch, dass er deswegen kompliziert sein muss. Faustregel: Teilen Sie den Plan so lange in kleinere Bereiche auf, bis sie handhabbare Stücke/Teilprojekte erhalten, ohne dabei den Kontext aus den Augen zu verlieren.

Changemanagement

Wie bereits angekündigt, hier nun ein paar Worte zum Thema Changemanagement. Ist Changemanagement die Kurzform für „Change The Management"? Zumindest das Selbstverständnis dieser Disziplin ist ein anderes.

Eines der Standardwerke im deutschen Sprachraum für dieses Thema ist das Buch „Change Management: Den Unternehmenswandel gestalten"[9] von Klaus Doppler und Christoph Lauterburg. Die Notwendigkeit für Changemanagement im Unternehmen wird dort unter anderem durch den

Wandel in der IT begründet. Dieser Wandel ist auch der Aufhänger dafür, dass Portalprojekte heutzutage kaum noch ohne den Aspekt Changemanagement auskommen. Aber ist das so richtig? Im Buch von Doppler und Lauterbach findet sich zum Thema Folgendes:

Die neuen Kommunikationsmedien ersetzten Massen von Arbeitsplätzen. Nicht zuletzt solche im mittleren Management. Wo früher Heerscharen von Führungskräften notwendig waren, um Informationen zu sammeln, auszuwerten, zu interpretieren und weiterzuleiten, bietet die Technik den Menschen heute die Möglichkeit ohne Zeitverzug, ohne hierarchische Zwischenebenen und ohne lokale Begrenzungen direkt miteinander zu kommunizieren. Das ermöglicht neue Formen der Zusammenarbeit in Teams, in Projekten, zwischen Funktionen und Bereichen, aber auch weit über die Grenzen von Unternehmen hinaus – über große Entfernungen hinweg, international, interkontinental und interkulturell.

Dies ermöglicht Unternehmen, mehr und mehr übergreifenden Aufgaben in strategischen Allianzen und internationale Zusammenschlüsse zu verlagern. Die Organisationsgrenzen werden immer durchlässiger. Immer mehr Prozessketten werden mit Zulieferern und Kunden gemeinsam gestaltet, in Form von Out- bzw. Insourcing Modellen, Partnerschaften oder wechselseitigen Beteiligungen. Die scharf abgegrenzte Organisation öffnet sich zu Netzwerken …

… Der technologische Wandel bietet völlig neue Chancen, zwingt aber auch zu teilweise schmerzhaften Anpassungsleistungen. Wer diesen Weg nicht schnell und radikal genug geht, wird im neuen Spiel schlechte Karten haben.

Für viele, vor allem Kommunikations- und Unternehmensberater, ist das Thema damit zu einer Goldgrube geworden. Indem Ängste, wie in dem Satz: „*Wer diesen Weg nicht schnell und radikal genug geht, wird im neuen Spiel schlechte Karten haben.*" geschürt werden, verschafft man sich Gehör. Aber ist das wirklich richtig so? Handelt es sich hier um ein *„neues Spiel"*?

Gestützt und begünstigt durch IT-Systeme sind Unternehmen in der Lage, wie der Auszug aus dem Buch „Change Management: Den Unternehmenswandel gestalten"[9] richtig beschreibt:

- ❏ ... *übergreifende Aufgaben in strategische Allianzen und internationale Zusammenschlüsse zu verlagern*
- ❏ ... *Prozessketten mit Zulieferern und Kunden gemeinsam zu gestalten*
- ❏ ... *die scharf abgegrenzte Organisation zu Netzwerken zu öffnen*
- ❏ ... *Zusammenarbeit in Teams, in Projekten, zwischen Funktionen und Bereichen, aber auch weit über die Grenzen von Unternehmen hinaus – über große Entfernungen hinweg, international, interkontinental und interkulturell zu ermöglichen.*

Wer würde dem nicht zustimmen! Hier wurde zutreffend und absolut korrekt die Funktionsweise und der Aufbau der Hanse zwischen Mitte des 12. Jahrhunderts und Mitte des 17. Jahrhunderts beschrieben.

Die IT bzw. ein IT-Projekt als Türöffner für Changemanagement im Unternehmen zu nutzen ist also nichts weiter als ein Taschenspielertrick, der mit Ängsten arbeitet.

Schauen wir uns hier noch einmal den Beitrag von Prof. Dr. Stefan Stoll zu diesem Buch an:

Disruptive Innovationen beziehen sich auf Produkt-, Service und Geschäftsmodellinnovationen, die „einfacher", „billiger" und damit „kundenfreundlicher" sind. Diese Art von Innovationen wird überwiegend von neuen Unternehmen in die Märkte gebracht. Während der Innovationspfad der etablierten Unternehmen die ständige Verbesserung bestehender Produkte und Services für bestehende Kunden verfolgt, zielen Disruptive Innovationen auf ganz neue Kundengruppen, die nicht im Fokus der etablierten Unternehmen stehen. Daher bezeichne ich die etablierten Unternehmen auch als „Innosaurier". Das Dilemma dieser Unternehmen ist es, dass sie alles richtig machen (sie sind ja innovativ!) und dennoch

falsch liegen, da sie ausschließlich bestehende Produkte, Services und Ge-
schäftsmodelle weiterentwickeln. Dabei übersehen sie, dass (oftmals)
durch die Digitalisierung ausgelöste Innovationsschübe vollständig neue
Geschäftsmodelle sowie Produkte und Services hervorbringen, die ihr
etabliertes Geschäft bedrohen und teilweise auch zerstören.

Die Notwendigkeit, dass Unternehmen ständig ihre Prozesse anpassen müssen und sich einem nie dagewesenen Wandel und Konkurrenzdruck gegenübersehen, ist demnach nur sehr mittelbar ein IT-Thema. Dass Changemanagement ein überlebenswichtiges Thema für Unternehmen ist, steht absolut außer Frage, und dass die IT und moderne Kommunikationsmittel hier einen großen Einfluss haben und neue, bisher nicht dagewesene Möglichkeiten eröffnen, auch nicht. Die Frage ist, was davon am Anfang eines Entscheidungsprozesses stehen muss?

❏ Werde ich als Unternehmen innovativ und kann mich neuen Herausforderungen stellen weil ich moderne Kommunikationstechnologien einsetze?

oder

❏ Bin ich als Unternehmen innovativ und unterstütze diesen Prozess durch moderne Kommunikationstechnologien?

Betrachten wir eine der großen Revolutionen der letzten Jahre. Die Einführung des iPhones hat den Mobilfunksektor stark verändert und revolutioniert. Glauben Sie wirklich, dass Steve Jobs sich in diesem Kontext mit Changemanagement beschäftigt hat? Ich glaube viel eher, dass es ihm darum ging, etwas „besser, billiger, schneller und kundenfreundlicher" zu machen. (Gut, er hat 3 von 4 geschafft, denn billig sind die Apple Produkte nicht.) Außer Frage steht, dass dies nur gelingen konnte, in dem der Apple Konzern sich auch mit Aspekten des Changemanagements beschäftigt hat. Angefangen von der Organisation, dem Aufbau der Entwicklung, der Produktion der Geräte bis hin zur Vermarktung, waren hier natürlich einige

„Changes" für Apple zu meistern. Wichtig ist, und das zeigt dieses Beispiel sehr schön, dass der zweite Schritt nicht vor dem ersten gemacht werden kann. Geschürt durch Ängste wie sie der Satz: *„Wer diesen Weg nicht schnell und radikal genug geht, wird im neuen Spiel schlechte Karten haben"* zum Ausdruck bringt, werden Unternehmen verleitet, das Thema Changemanagement ganz vorne an zu stellen. Die Hoffnung, dadurch einen Wandel herbeizuführen, wird in aller Regel enttäuscht.

Wenn es darum geht, eine Veränderung in einer Organisation, einem Team oder einem ganzen Unternehmen auszulösen, ist ein Weg, eine kritische Masse an Team-Mitgliedern, Mitarbeitern oder Managern zu überzeugen. Auf dieses Thema gehen wir etwas detaillierter im Kapitel „Das Business findet einen Weg…und der User holt sich was er braucht" ein. Der Schlüssel ist, eine Veränderung herbeizuführen, die einen echten Mehrwert darstellt. Ist das gelungen, kann und muss der weitere Prozess durch Changemanagement unterstützt werden.

Dass dies originär erst mal nichts mit IT zu tun hat, zeigt sich auch, wenn wir die Historie des Begriffs „Changemanagement" betrachten. Der Ausdruck wurde erstmals in einer Studie der Wissenschaftler Roethlisberger und Mayo in der Mitte der 1920er Jahre geprägt. Sie entdeckten im Rahmen einer Studie bei Western Electric, dass die Leistungsfähigkeit von Teams und Mitarbeitern stärker von der Aufmerksamkeit für die Mitarbeiter beeinflusst wurde, als durch Änderungen der Arbeitsbedingungen.

Das gekonnte Spielen mit Ängsten bei diesem Thema bringt auch folgender Satz aus dem Buch über Changemanagement von Doppler und Lauterburg zum Ausdruck: *„Die neuen Kommunikationsmedien ersetzten Massen von Arbeitsplätzen. Nicht zuletzt solche im mittleren Management."* Gerade das mittlere Management kann ein sehr kritischer Faktor in Projekten sein. Und ja, die Aussage, dass neue Kommunikationsmedien eine Bedrohung für dieses Klientel darstellen können, ist auch richtig.

Beispiel: Führt ein Unternehmen ein Kommunikationstool wie z.B. Yammer ein, ermöglicht es dadurch, dass jeder mit jedem kommunizieren kann. Der einfache Sachbearbeiter kann direkt auf einen Post des CEO's antworten und umgekehrt. Da fühlt sich der Abteilungsleiter schnell mal übergangen ...

Dieses Beispiel zeigt sehr anschaulich das eigentliche Problem. Es geht nicht darum, dass neue Kommunikationsmedien Massen von Arbeitsplätzen vernichten und das mittlere Management ersetzen. Es geht darum, dass Veränderungen im Unternehmen, wie der Einsatz neuer Kommunikationsmedien nicht einfach Selbstläufer sind, sondern eine Einführungsbegleitung brauchen.

Beispiel: Im Yammer Netzwerk muss es Moderatoren geben. Deren Aufgabe es ist, um bei dem Beispiel oben zu bleiben, eine direkte Anfrage an den CEO zu moderieren und als „fehl am Platz" zu deklarieren.

Ein großer internationaler Konzern hat dieses Szenario sehr erfolgreich umgesetzt: Dort gibt es eine Yammer Gruppe „Ask the Management". Mitarbeiter können hier Fragen ans Management adressieren. Einmal im Monat wird abgestimmt, welche Fragen von größtem Interesse sind und das Management nimmt Stellung zu den Top 3 Fragen.

Dieses Beispiel zeigt auch sehr schön, dass neue Kommunikationsmedien nicht zwangsläufig Arbeitsplätze vernichten. – Verändern sie Aufgabengebiete und die Art wie Teams und Unternehmen arbeiten und kommunizieren? JA, das tun sie ganz sicher.

Roundup: Wenn Changemanagement als Disziplin im Rahmen einer Einführungsunterstützung verstanden wird, stimme ich dem voll und ganz zu. Das ist aber nicht die eigentliche Definition von Changemanagement im unternehmerischen Sinn.

11 Freunde sollt ihr sein

Einer aktuellen Studie des Bundesarbeitsministeriums zur Folge, haben über 60 % der Angestellten in Deutschland keine emotionale Bindung zu Ihrem Job.

Eine gemeinsame Vision (… wer Visionen hat, sollte zum Arzt gehen, oft kann man helfen!), ein gemeinsames Verständnis davon, was erreicht werden soll, oder auch nur Einigkeit darüber, was konkret als Nächstes getan werden muss, fördern das WIR-Gefühl innerhalb eines Teams ungemein. Führungskräfte, die sich mit diesem Thema beschäftigen, müssen oft erkennen, dass so ein gemeinsames Ziel schlecht bis gar nicht von oben herunter angeordnet werden kann. Oft ist das Verhalten innerhalb von Teams durch Abwehrstrukturen geprägt. Neid, Missgunst und Revierkämpfe spielen eine Rolle. Diese Strukturen müssen erkannt und durchbrochen werden, sonst werden Sie es schwer in ihrem Projekt haben – und bedenken Sie dabei immer: „Menschen wehren sich in der Regel nicht gegen Veränderungen, Menschen wehren sich dagegen, verändert zu werden".

Jeder war wahrscheinlich schon mal Teil eines Teams in dem einfach alles gepasst hat. Das kann beruflich als Teil eines Projektteams oder auch privat, z. B. beim Fußball, der Fall gewesen sein. Dieses Gefühl, genau zu wissen, was der andere tut, wie der Pass gespielt werden muss damit er beim Mitspieler ankommt und im besten Fall noch, ohne dass man dabei überhaupt hinsehen muss – denn man weiß ja, dass der andere dort steht – ist sehr motivierend. Viele von uns haben so etwas schon erlebt und würden wohl sogar auf einen Teil ihres Gehalts verzichten, nur um wieder in so einem Projektteam arbeiten zu können – das zumindest hat eine Umfrage in den USA zu diesem Thema herausgefunden.

Wenn man wissenschaftlich untersucht, was solche Teams ausmacht, so lautet die Antwort: eine gemeinsame Vision. Peter M. Senges hat das, unter anderem, in seinem Buch „Die fünfte Disziplin: Kunst und Praxis der lernenden Organisation [6]" getan.

Zusammengefasst lässt sich das so beschreiben:

In den meisten Teams befinden sich die Mitglieder im Zustand formeller oder echter Einwilligung, was die Ziele, z. B. des Projekts, angeht. Sie halten sich an die Regeln und versuchen aufrichtig ihren Beitrag zu leisten. Dagegen heben sich Mitglieder des Teams, die nur widerwillig oder gar nicht einverstanden sind, deutlich ab. Sie stehen den Zielen ablehnend gegenüber und machen das auch deutlich. Das kann von Passivität bis hin zu böswilligem Gehorsam gehen: „Ich werde es tun, aber nur um zu beweisen, dass es nicht funktioniert."

Um eine gemeinsame Vision zu entwickeln, müssen die Mitglieder ermutigt werden, eigene Ziele und Vorstellungen zu entwickeln, wie diese Vision umgesetzt werden kann. Wenn Menschen keine eigene Vision haben, können sie sich nur zu der Vision und den Zielen eines Anderen oder zu dem Vorgegebenen bekennen. Das Ergebnis ist demnach lediglich Einwilligung, nicht Engagement. Wenn sich dagegen Menschen zusammenschließen, die eine klare Vorstellung von ihrer persönlichen Zielrichtung haben, können sie eine machtvolle Synergie erzeugen, um ihre Ziele zu verwirklichen.

Ein Beispiel, das den Unterschied zwischen Ablehnung, Einwilligung und Engagement verdeutlicht:

Auf den meisten Bundesstraßen liegt das Tempolimit bei 70 km/h oder 100 km/h. Eine Person die einwilligt, würde sich an das Tempolimit halten oder maximal 5 km/h schneller fahren, weil das in der Regel nicht bestraft wird. Eine Person, die diese Regel ablehnt, wird wo immer sie kann, schneller fahren als erlaubt. Zeigt man echtes Engagement für diese Regel, würde man auch dann nicht schneller fahren, wenn es nicht gesetzlich vorgeschrieben wäre.

Mannschaftsaufstellung

Wie also schafft man es nun, ein solches Team aufzustellen? Nichts leichter als das, zumindest in der reinen wissenschaftlichen Lehre nach Peter M. Senges:

❏ Machen Sie klar, was Sie an dem Projekt begeistert:
Es hat keinen Zweck von Anderen echtes Engagement zu verlangen, wenn Sie selbst nicht von dem Projekt überzeugt sind. Die Anderen werden das schnell merken und heraus kommt maximal eine Form von oberflächlicher Zustimmung. Eine solche Ausgangssituation bereitet den Boden für zukünftige Ressentiments.

❏ Seien Sie ehrlich:
Sie dürfen weder die Vorteile übertreiben noch die Probleme unter den Teppich kehren. Beschreiben Sie das Projekt so einfach und ehrlich wie möglich.

❏ Lassen Sie die anderen Personen frei wählen:
Versuchen Sie potentielle Teammitglieder nicht zu überreden. Menschen fassen so etwas oftmals als Manipulation auf. Das kann besonders schwierig bei Untergebenen sein, weil sie sich oftmals zum Mitmachen verpflichtet fühlen.

Soweit zur Theorie. In der Praxis stellt sich das in aller Regel nicht so einfach dar. Wir müssen mit dem Personal arbeiten, das zur Verfügung steht.

Einen ganz anderen, aber dennoch sehr erfolgreichen Ansatz, Menschen zu motivieren beschreibt Dietrich Dörner im seinem Buch „Die Logik des Misslingens"[10]:

Es darf der Erfolg einer Herausforderung weder zu gewiss noch zu ungewiss sein. Wenn der Erfolg zu gewiss ist, mach das Ganze keinen Spaß. Und wenn der Erfolg bei einer Aufgabe überhaupt nicht eintritt, so ist das Ganze zu frustrierend. Situationen aber, die ungefähr eine mittlere

Erfolgsrate haben, werden von Menschen als spannend und sehr interessant empfunden; sie beschäftigen sicher gerne, lange und intensiv mit solchen Aufgaben. Wenn eine Herausforderung dadurch gekennzeichnet ist, dass man auf dem Weg zur Lösung manchmal Erfolge, manchmal Misserfolge hat, so wird diese Aufgabe ihr eigenes Gewicht bekommen. Der eigentliche Zweck der Aufgabe kann hinter dem Anreizwert, den die Aufgabe als solches hat, völlig zurücktreten, ja völlig in Vergessenheit geraten.

Nutzen Sie diesen Aspekt der menschlichen Psyche!

Polyzentrische komplexe adaptive Systeme

Ein Ansatz, auch mit einem Team, dessen Mitglieder nicht mit allem zu 100 % einverstanden sind, erfolgreich zu sein, beschreibt Elinor Ostrom in ihrem Buch „Was mehr wird, wenn wir es teilen"[4]:

**Fördern Sie die Fähigkeit der Menschen
zur Selbstorganisation und Kooperation.**

Für viele ist das Konzept „Projektteam" eng mit der Vorstellung verbunden, dass eine Leitung die Verantwortung hat, die Entscheidung trifft und das Projekt voranbringt. Selbstorganisierende Systeme hingegen lassen sich treffend als „komplexe adaptive Systeme" beschreiben. Sie bestehen aus zahlreichen Komponenten, die aus reichen Interaktionsmöglichkeiten heraus emergente* Eigenschaften entwickeln. (* Emergenz ist die Herausbildung von neuen Eigenschaften oder Strukturen eines Systems infolge des Zusammenspiels seiner Elemente.) Das heißt, die Eigenschaften selbst organisierender Systeme lassen sich nicht durch die Analyse der Eigenschaften der Einzelteile vorhersagen. Es sind Systeme, die aus Regeln und Akteuren bestehen, die vielfache Beziehungen zueinander haben und die – durch Erfahrung – in der der Lage sind, sich an sich ändernde Bedingungen anzupassen.

Polyzentrische Systeme unterscheiden sich also erheblich von klassischen rein hierarchischen Projektstrukturen. Es existiert aktuell noch keine allgemein anerkannte wissenschaftliche Theorie, die erklärt, was solche komplexen adaptiven Systeme so erfolgreich macht. Dass, bzw. wie erfolgreich sie sind, zeigt ein Beispiel von Google. Ein Ansatz, der hier verfolgt wird, wenn es darum geht, neue Lösungen zu schaffen oder ein Problem zu lösen, ist, dass mehrere Teams mit der gleichen Aufgabe betraut werden. Die Teams wissen voneinander und sind angehalten, ihre Ergebnisse und Erkenntnisse untereinander transparent auszutauschen. Damit lernt jeder von jedem. Am Ende stellen die Teams ihre Ergebnisse vor. Das Beste wir umgesetzt oder nicht selten werden Aspekte von allen beteiligten Teams verwendet.

In polyzentrischen Systemen entstehen also in aller Regel, wie das Google Beispiel zeigt, Überlappungen. So können Informationen über das, was bei beim einen Team gut funktioniert, für andere Teams nutzbar gemacht werden. Wenn eine Einheit versagt, gibt es andere, die einspringen können. Es entstehen also im positiven Sinne Redundanzen.

Klar ist, dass so ein Ansatz in der Planungsphase erst mal schwer zu verkaufen ist. Es müssen ja ungleich mehr Ressourcen auf das gleiche oder ähnliche Problem angesetzt werden. Klar ist aber auch, dass die Ergebnisse meist sehr viel besser sind.

Ein Beispiel aus der Praxis könnte so aussehen: *Soll das neue Portal aus einer oder aus mehreren Site Maps, z. B. pro Sprache oder Lokation eine eigene Site Map etc., aufgebaut werden?* Diese Fragestellung betrifft sowohl die IT, die das Portal aufbauen und betreiben muss, als auch die Entwickler, die die Lösung programmieren werden. Gemäß einem polyzentrischen Ansatz werden nun also beide Teams einen Vorschlag erarbeiten und vorstellen. Das Ergebnis wird ganz sicher besser sein und eine höhere Akzeptanz finden, als wenn nur ein Team die Lösung vorgibt und das andere sie akzeptieren muss.

Wenn Sie es geschafft haben für Ihr Projekt ein erfolgreiches und gut funktionierendes Team aufzustellen, können Sie darüber zu Recht stolz sein. Eines muss Ihnen aber von vornherein klar sein: Das wird nicht von langer Dauer sein! Auch zu dieser Erkenntnis ist jeder gelangt, der schon mal Teil eines erfolgreichen Teams war. Irgendwann lässt der Erfolg nach. Warum ist das so? Es wäre doch wünschenswert bzw. sollte man doch annehmen, dass so ein Team im Sinne aller Beteiligten erhalten werden muss. Auf die Frage nach dem „Warum" gibt es eine recht einfache Antwort. Diese leitet sich aus der sog. „Neue Institutionenökonomik" ab. Quelle: http://de.wikipedia.org/wiki/ Neue_Institutionen%C3%B6konomik. Die „Neue Institutionenökonomik" ist eine Theorie der Volkswirtschaftslehre, welche die Wirkung von Institutionen auf die Wirtschaftseinheiten, wie z.B. privater Haushalte untersucht. Eine Erkenntnis daraus ist: Der Mensch ist in aller erster Linie bestrebt, seinen Eigennutz zu optimieren! Oder anders gesagt: auch innerhalb eines sehr gut funktionierenden Teams wird irgendwann irgendjemand das haben wollen, was ein Anderer hat, sei es mehr Geld, mehr Einfluss oder mehr Kompetenzen.

Mr. Wolf

Mr. Wolf ist eine Figur aus dem Film Pulp Fiction von und mit Quentin Tarantino. Mr. Wolf ist ein Organisationsgenie für problematische Situationen. Warum Mr. Wolf im Film so erfolgreich ist, beschreibt folgende Annahme:

Alle Beteiligten sind für die Probleme innerhalb des Projekts mit verantwortlich. Das bedeutet aber nicht, dass alle Beteiligten dieselbe Hebelwirkung ausüben können, um die Probleme zu lösen.

Daraus leitet sich die Management Verantwortung ab. Es geht hier also darum, was für ein Typ Ihr Projektleiter sein muss.

Am Anfang des Buchs habe ich eine Reihe außergewöhnlicher Charaktere aufgezählt, die für jedes Projekt eine Bereicherung wären. Ihr Projektleiter muss ein bisschen was von allen haben. Sie brauchen also:

- ❏ Dr. Eckart von Hirschhausen
- ❏ Alfred Hitchcock
- ❏ Sherlock Holmes
- ❏ Bill Gates
- ❏ Harald Lesch
- ❏ Sigmund Freud
- ❏ Mary Poppins
- ❏ Mr. Spock
- ❏ Helmut Schmidt
- ❏ Steve Jobs
- ❏ Captain Kirk

Diese Person muss zudem folgende Eigenschaften in sich vereinen:

- ❏ sie kann nix richtig, aber dafür von allem etwas
- ❏ auch mal auf den Tisch hauen können
- ❏ gesunder Menschenverstand
- ❏ sie ist ein außergewöhnlicher Durchschnittstyp
- ❏ sie kann auch mal die Klappe halten
- ❏ Fähigkeit, Entscheidungen zu treffen

Und Sie müssen sie mit Entscheidungsbefugnissen ausstatten!

Aber Achtung: Eine Disziplin auszuüben ist etwas anderes, als eine Methode nachzuahmen!

Polylogische Systemarchitektur

Viele strategische Ziele und die daraus abgeleiteten Pläne kränkeln daran, dass sie nicht polylogisch aufgebaut sind. Das Schöne an rein logisch/deterministisch aufgebauten Zielen, Strategien und Plänen ist, dass sie eindeutig in jedem Schritt formalisier- und bestimmbar sind. Solche statischen Konstruktionen führen spätestens im Dialog zu Kontroversen und jeder, der schon mal an einem Portal-Projekt beteiligt war, kennt dafür genügend Beispiele. Beliebtes Thema ist da z. B. die Navigation:

> Bauen wir die nun nach Standorten oder nach Abteilungen auf? Und hat dann jeder Standortknoten darunter die Abteilungen hängen? Und was ist, wenn es an einem Standort eine Abteilung gibt, die es am anderen nicht gibt? Usw.

Baumstrukturen und Hierarchien repräsentieren eine strenge, logische und durch und durch rationale Ordnung. Wir glauben, dass sie deswegen auch für Außenstehende leicht zu adaptieren wären; und das ist falsch! Zitat aus „Die paranoide Maschine"5: „In der physischen Welt ist eine solche rein logische Ordnung weder anpassungs- noch überlebensfähig, denn sie ist verkapselt und schließt ihre Umwelt aus. Sie weiß alles über das, was sie enthält und nichts über den Rest. Dieser Rest ist ihre Umwelt, in der sie eingebettet ist und die sich ununterbrochen verändert. Die hierarchische Ordnung will und kann davon nichts wissen."

In diesem Zusammenhang finde ich die Aussage von Gregory Bateson (angloamerikanischer Anthropologe, Biologe, Sozialwissenschaftler, Kybernetiker und Philosoph) sehr treffend:

> *Vor 30 Jahren stellten wir die Frage: Kann ein Computer alle Prozesse der Logik simulieren? Die Antwort lautete ja, aber die Frage war mit Sicherheit falsch gestellt. Wir hätten fragen sollen: Kann die Logik alle Sequenzen von Ursache und Wirkung simulieren? Und die Antwort hätte nein lauten müssen ...*

Ok, aber was bitte ist denn nun „Polylogisch"?

> *„Polylogische Systeme zeichnen sich dadurch aus, dass ihre Werte gleichzeitig in mehreren Axiomen verknüpft sind und auch nur in einer solchen Mehrfachverknüpfung existieren können. Sie durchbrechen die logische Einschließung und sind in diesem Sinne komplex, weil sie nicht innerhalb einer einzigen Logik/Struktur vollständig beschreibbar sind."*

Soweit auch hier zur Theorie. Ein Beispiel das veranschaulicht was damit gemeint ist wäre demnach:

Ein neues Produkt ist weder nur einer Abteilung noch nur einem Standort zuzuordnen. Auch wenn es von einer bestimmten Abteilung entwickelt wurde, so wird es doch von einer anderen gebaut und wieder einer anderen ausgeliefert und beim Kunden installiert. Ein Produkt ist auch nicht nur einer Lokation zuordenbar. Auch wenn es nur an einer Lokation gebaut wird, so sind es doch das Management, das in der Firmenzentrale sitzt oder die Sales Mitarbeiter, die dezentral aufgestellt sind, die für den Erfolg mindestens ebenso wichtig sind.

Um also ein neues Produkt in seiner ganzen Komplexität mit allen Prozessen und Abhängigkeiten zu beschreiben, kommen wir wieder zum Mittel der Tags, Taxonomien und Metadaten zurück. Sie ermöglichen es uns nämlich, einerseits das ein und selbe durch Verwendung unterschiedlicher Axiome/Tags zu beschreiben, andererseits z. B. auf Basis der Suche in SharePoint, alle Inhalte zu einem speziellen Produkt, Tag, Axiom etc. zu aggregieren – und zwar ganz flexibel.

Roundup keep it simple!

Eine Zusammenfassung zu diesem Kapitel lässt sich gut mit folgendem Witz beschreiben:

Der berühmte Detektiv Sherlock Holmes und sein griesgrämiger Assistent Dr. Watson bauen während eines Campingausflugs ihr Zelt auf. Mitten in der Nacht rüttelt Holmes Dr. Watson wach.

HOLMES: Watson, schauen Sie rauf zu den Sternen und sagen Sie mir, was Sie aus diesem Anblick folgern?

DR. WATSON: Ich sehe Millionen von Sternen, und wenn es Millionen von Sternen gibt, und wenn auch nur ein paar von denen Planeten besitzen, dann ist es leicht möglich, dass einige Planeten davon unserer Erde ähnlich wären. Und wenn es da draußen ein paar Planeten wie die Erde gibt, dann könnte es auf diesen ebenfalls Leben geben. Außerirdisches Leben!

HOLMES (schüttelt den Kopf): Watson, Sie Idiot! Jemand hat unser Zelt gestohlen!

➡ Fokussieren Sie sich auf das Wesentliche!

Genau dieses Paradigma beschreibt der „Lean Portal Ansatz".

2009 stellte Gartner das Konzept bzw. die Idee des Lean Portal Ansatzes vor. Beschrieben wird darin eine Alternative zur traditionellen Portallösung, da diese mit den Jahren immer komplexer, komplizierter und nur noch schwer zu beherrschen ist. Der klassische Top-Down Portalansatz mit redaktionellen Strukturen und basierend auf komplexen Baukastensystemen bringt oft Funktionen mit sich, die gar nicht benötigt werden, teuer und nur schwer anpassbar sind. Das Resultat sind Systeme, die nur bedingt den Erwartungen entsprechen. Lean Portals basieren auf aktuellen Technologien und Protokollen und verfolgen dabei den Ansatz eines zentralen und personalisierten Hubs, um schnell und übersichtlich relevante Informationen zu finden. Sie treten damit bewusst in Konkurrenz zu den redaktionell und hierarchisch orientierten Modellen traditioneller Portallösungen. Dadurch, dass die zwei Faktoren „Personalisierung" und „einfacher Zugriff auf relevante Informationen" an Stelle von komplexen Hierarchien, Design Pattern und Anpassungen, in den Vordergrund gestellt werden, sind Lean Portals sehr schlank und kosteneffizient. Laut Gartner konnten die Unternehmen, die dieses Modell angewandt haben, damit im Schnitt 80 % (und wieder haben wir ein 80/20-Verhältnis) ihrer Anforderungen problemlos umsetzen und das, ohne Abstriche in kritischen Bereichen wie Security, Datenschutz oder Integration in bestehende Systeme machen zu müssen. (Quelle: http://en.wikipedia.org/wiki/Enterprise_portal#Lean_portal)

(Ich hätte das Buch auch Lean Portals mit SharePoint, O365 und Windows Azure nennen können)

… Und übrigens: eine Devise beim Planen lautet:

Schalte alte Systeme ab, sonst werden neue Lösungen nicht angenommen und der Anwender nutzt weiterhin das Altbekannte – nicht zuletzt deshalb, weil ein guter Projektplan auch aufzeigen muss, was durch die Einführung der neuen Lösung eingespart werden kann, ist das ein sehr wichtiger Aspekt!

Ein Beispiel:

„Wir führen SharePoint ein. Das kostet in den nächsten zwei Jahren so und so viel Euro. Innerhalb der nächsten 3 Jahre schalten wir dafür folgende Systeme ab, weil die Funktionen auf das neue SharePoint Portal umziehen. Das spart so und so viel Euro."

Aber zurück zum Thema. Wenn eine neue Lösung sehr viel besser ist, wird sie sich alleine weil sie Vorteile hat, leichter und besser anzuwenden ist oder andere Vorzüge aufweist, durchsetzen. So ging es mir damals mit DropBox. Diese Lösung hat von heute auf morgen die externe Festplatte ersetzt, die ich ansonsten genutzt habe, um meine Daten auf dem Büro-PC, dem Laptop und dem PC zu Hause nutzen zu können.

Daraus folgt: Finden Sie genau so einen UseCase mit sehr hohem Nutzen für möglichst viele Anwender in Ihrem Projekt! Setzen Sie ihn als eines der ersten Features um! Sorgen Sie dafür, dass sich die Nachricht von der neuen und besseren Lösung verbreitet.

TEIL 2

/_layout/ngp — self-designing-portals

Weil wir es gerade sowieso von Gartner und seinen Umfragen hatten. 2008, und damit schon ein paar Jahre her, hat Gartner eine Umfrage bei Unternehmen durchgeführt, die BPM (Business Process Management) einsetzten, also Teile ihrer Geschäftsprozesse in IT-Systemen abbilden. Abgefragt wurde, wie oft sich Prozesse innerhalb eines Jahres ändern.

Ergebnis:

- ❏ 67 % – mindestens einmal pro Halbjahr
- ❏ 18 % – jeden Monat/zweiten Monat
- ❏ 10 % – jede Woche
- ❏ 4 % – mehrmals pro Woche

Ok, bei den 4 %, die mehrmals pro Woche Änderungen haben, und auch bei den 10 % mit den wöchentlichen Anpassungen liegt die Ursache sicherlich nicht nur in der immer kurzlebigeren Geschäftswelt, die nun mal Flexibilität und Anpassungsfähigkeit von Unternehmen fordert.

Aber gerade bei dem größten Block mit 67 %, in dem Änderungen mindestens einmal pro Jahr anstehen, handelt es sich ganz sicher um eine repräsentative Situation im heutigen Geschäftsalltag. Die Globalisierung und die immer schnelleren Releasezyklen, sowie ständige Innovationen zwingen auch etablierte Unternehmen, bewährte Prozesse und Strukturen immer wieder anzupassen – Was macht es da also bitte für einen Sinn, für eine Lösung a) erstmal über Monate hinweg zu planen und zu designen und dafür dann b) auch noch Hunderttausende und Millionen von Euro auszugeben, die in Teilen gegebenenfalls in einem halben Jahr schon wieder nicht mehr passt.

Der Hintergrund für eine sorgfältige und vermeintlich nachhaltige Planung ist es, eine Lösung/Architektur zu haben, die für mehrere Jahre Bestand hat und als Basis für Weiterentwicklungen dienen soll. Dieser lobenswerte Ansatz ist aber inzwischen überholt und zwar genau aus den Gründen, die auch der Gartner-Umfrage bezüglich BPM zugrunde liegen. Prozesse, Strukturen und ganze Unternehmen verändern und entwickeln sich viel zu schnell, als dass Portale und Lösungen, basierend auf dem klassischen Ansatz, damit schritthalten könnten.

Die Anforderungen an ein zeitgemäßes Design/Architektur sind demnach

- ❑ Flexibilität
- ❑ Dynamischer Aufbau
- ❑ Trennung von Content und Struktur
- ❑ Trennung von Content und Visualisierung
- ❑ Basierend auf standardisierten Komponenten, Protokollen und Technologien
- ❑ Personalisiert und personenzentrisch ausgerichtet
- ❑ Polylogischer Ansatz, basierend auf Techniken wie Taxonomien und Tags

Das Business findet einen Weg ... und der User holt sich, was er braucht

Wer oder was entscheidet eigentlich darüber, welche Systeme und Lösungen in einem Unternehmen zum Einsatz kommen? Der reinen Lehre nach, zumindest der Lehre der letzten Jahrzehnte, wird so etwas zentral von der IT, einem CIO etc. festgelegt. Natürlich geschieht das in Absprache mit den

Fachbereichen bzw. angelehnt an die Bedürfnisse des Unternehmens und seiner Mitarbeiter.

In aller Regel finden wir heute gewachsene IT-Strukturen in den Unternehmen. Über die Jahre wurden unterschiedliche Systeme eingeführt, die sich mehr oder weniger etabliert haben.

Diese Herangehensweise, also dass die Systeme und Lösungen in einem Unternehmen zentral vorgegeben werden und zwei oder drei Kernsysteme zur Verfügung stehen, mit denen alle Prozesse abgebildet werden, lässt sich mit unterschiedlichen Ansätzen erklären. Einerseits spielen hier ganz sicher organisatorische und betriebswirtschaftliche Aspekte eine Rolle. Es macht absolut Sinn, dass zentrale Verwaltungssysteme verbindlich für alle vorgegeben werden. Das gilt nach wie vor.

Ein anderer Aspekt ist, dass es in den Anfangsjahren der IT schlicht keine so große Auswahl gab. Die Menge an Betriebssystemen und Lösungsanbietern war recht überschaubar. Das hat sich natürlich inzwischen stark verändert. Unternehmen und Anwender können aus einer riesigen Zahl von Lösungen, Produkten und Anbietern wählen. Glaubt man Gartner und anderen Marktforschungsunternehmen liegt die Zukunft hier im Bereich mobiler und cloudbasierter Lösungen.

Im Vergleich zu den Anfängen des IT-Zeitalters gibt es immer mehr Integrationslösungen, die bestehende Systeme miteinander interagieren lassen. Anwender und Unternehmen können also immer einfacher die Vorteile unterschiedlicher Anwendungen innerhalb einer Integrations-Lösung nutzen. So ist es z. B. heute eher die Regel als die Ausnahme, dass Workflows, die Business-Prozesse abbilden, Daten aus ganz unterschiedlichen Systemen nutzen und wieder zurückschreiben.

Die größte Veränderung für Anwender und Unternehmen ist aber ganz sicher eine Bewegung, die mit dem Trend „Bring your own device" ihren Anfang nahm. Dass Mitarbeiter plötzlich ihre eigenen und gewohnten

Laptops, Handys und Tablets für den Job nutzen konnten, brach mit dem traditionellen Ansatz, dass die Unternehmens-IT-Lösungen und alles was damit zu tun hat, zentral im Unternehmen bereitgestellt werden. Beflügelt wurde diese Bewegung vom schnell wachsenden Markt freier, kostenloser und einfach zu bedienender Softwarelösungen, wie z.B. Dropbox. Ist die Tür, eigene Endgeräte nutzen zu können, erst einmal geöffnet, ist es in der Wahrnehmung des Anwenders nur ein Wimpernschlag, sich auch selbst aussuchen zu können, mit welchen Lösungen und Programmen man arbeiten möchte.

Um diesen Trend zu beflügeln, war es gar nicht notwendig, dass sich von Anfang an viele Unternehmen zu dieser Bewegung bekannten. Es reichte schon, dass darüber gesprochen wurde. Schauen wir uns doch beispielsweise mal an, wie dieser Trend oftmals in Unternehmen etabliert wurde. Nicht selten nämlich so, dass der Chef dem IT-Leiter sein neu gekauftes iPad auf den Tisch legte und so etwas sagte wie: „Ich möchte darauf meine Firmen Emails lesen können."

Dazu kam die Verbreitung von gut funktionierenden und leistungsfähigen Apps und Cloud Lösungen wie z.B. Doodle. Doodle ist eine Lösung, um Termine mit einer Gruppe abzustimmen. Etwas, das also genutzt werden kann, um den nächsten Kinoabend unter Freunden zu planen, funktioniert natürlich genauso gut, um das nächste Meeting im Unternehmen abzustimmen. Die Doodle Lösung ist webbasiert, kostenlos und für jeden frei nutzbar. Genau wie viele andere Anwendungen steht sie exemplarisch für Lösungen, die aus dem privaten Sektor kommend sehr schnell auch das Business erobert haben – und zwar zum Leidwesen der IT-Abteilungen, des Datenschutzes usw.

Der Einsatz von Doodle zeigt hierbei sehr anschaulich die Misere, die sich ergibt. Der Unternehmens-IT entgleitet sukzessive die Kontrolle und die Übersicht über die Systeme und Lösungen, die von Mitarbeitern eingesetzt werden. Klar kann man von zentraler Stelle hier einiges tun. Man kann den Zugriff auf Webseiten wie Doodle und Dropbox sperren oder den Anwendern das Recht, Software auf ihren Geräten zu installieren entziehen (wobei das bei „bring your own device" schon wieder nicht mehr funktioniert) usw. Aber ist das wirklich die Lösung? Nein, eher nicht!

Warum nutzen Anwender Lösungen wie Dropbox etc.? Weil sie es können. Gut, das mag zwar auch stimmen, ist aber in diesem Kontext nicht der Punkt. Anwender nutzen solche Dienste, weil sie sehr einfach funktionieren und Lösungen für den Alltag, auch den Arbeitsalltag, bieten, die ihnen von der Unternehmens-IT nicht oder nicht so schnell zur Verfügung gestellt werden können. Unterschiedliche Abteilungen haben ganz unterschiedliche Anforderungen an ihre Arbeitsumgebung. Eine zentrale IT ist heute einfach nicht mehr in der Lage, all diese verschiedenen Anforderungen zu überblicken, geschweige denn zu bedienen. Hinzu kommt, dass eine riesige Auswahl an Lösungen nur wenige Mausklicks entfernt und oftmals sogar kostenlos im Internet zur Verfügung steht.

Zusammengefasst bedeutet das also: Früher musste der Anwender nehmen, was ihm das Unternehmen zur Verfügung gestellt hat. Heute hat er Alternativen und nutzt diese auch – getreu dem Motto: „Gibt's da nicht eine App für?" Das Ergebnis ist die sogenannte Schatten-IT, mit der Unternehmen mehr und mehr zu kämpfen haben.

Auf der Microsoft Ignite Konferenz 2015 in Chicago war ich Zuhörer eines „Ask the Experts" Forums mit dem Titel „SharePoint On-Premises, Online and Everything in Between". Dan Holm antwortete auf eine Frage zum Thema Hybride Umgebungen und Cloud Systeme Folgendes:

> *„How many of you see user and employees using cloud based solution not under control of the IT department like Twitter, Facebook, Dropbox, Doodle etc? – Welcome, you are Hybrid!"*

Dem ist nichts weiter hinzuzufügen.

Ganz klar ist, dass ein unkontrollierbarer Wildwuchs der von den Anwendern verwendeten Lösungen nicht gewollt ist. Hinzu kommt, dass bei der Verwendung von freien Lösungen aus dem Internet Aspekte des Datenschutzes und der Datensicherheit auf der Strecke bleiben. Wie aber kann man als Unternehmen auf diesen Trend reagieren? Die Antwort ist, zentral eine Auswahl an Lösungen zur Verfügung zu stellen, welche die gängigen Anforderungen erfüllt. In Abstimmung mit den Fachabteilungen lässt sich sehr leicht der Bedarf an Anwendungen und Lösungen ermitteln. Wie im Kapitel „Wasser – Strom – Internet – Mobility – Apps" schon beschrieben, können Anwender z.b. in SharePoint basierten Portallösungen im SharePoint App Store stöbern und, wenn sie eine App nutzen möchten, diese markieren. Ein Admin mit den entsprechenden Rechten muss diese dann nur noch bereitstellen. Ganz ähnlich verhält es sich mit den Apps, die in Windows Azure bereitgestellt werden können. Der Admin kann diese Apps zentral einkaufen und über die Zuweisung von Rechten steuern, wem im Unternehmen diese Apps, wie z. B. DocuSign etc., zur Verfügung stehen sollen.

Mit diesem Ansatz lassen sich beide Bedürfnisse sehr gut vereinen. Einerseits können Anwender sich Lösungen und Programme, die sie gerne verwenden möchten, aus z. B. dem SharePoint App Store oder einem auf Windows Azure basierenden, unternehmenseigenen App Store, aussuchen. Auf der anderen Seite behält die IT zentral die Übersicht, welche Lösungen von wem eingesetzt werden. Dieser Spagat muss der IT-Abteilung von morgen gelingen, wenn Sie nicht ins Abseits geraten will.

Um das Beispiel Doodle noch einmal zu bemühen: Im SharePoint App Store gibt es eine App, die genau diese Funktion abbildet. Die App nennt sich MeetSweet und kann z. B. als Teil eines Intranets auf Basis von SharePoint eingesetzt werden.

Wenn Anwender, die selbst bestimmen, welche Tools sie verwenden, nicht schon genug wären, gehen aktuelle und zukünftige Ansätze noch einen Schritt weiter. Durch den Einsatz von Apps im Rahmen von Portallösungen resultiert, dass nicht mehr nur zentral bestimmt wird, wie Portallösungen aussehen. Abhängig davon, wer welche Apps verwendet und wie und wo diese über die Navigation eines Portals aufrufbar sind etc., sehen Portallösungen gegebenenfalls für jeden Benutzer etwas anders aus.

Was also z. B. im rechten Bereich unter der Rubrik „Personal" zu finden ist, bestimmt der Anwender hier selbst:

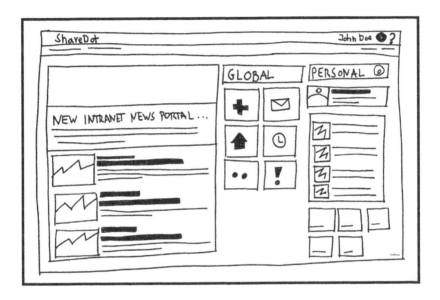

Noch einen Schritt weiter geht Microsoft mit dem Feature Groups in Office 365. Das Feature „Groups" ist ein Kollaborationsfeature. Es stellt auf einfache und schnelle Weise eine Umgebung für Teamzusammenarbeit zur Verfügung. Das Feature fokussiert dabei stark auf den Gedanken des „User-self-service".

Zentral kann konfiguriert werden, welche Berechtigung notwendig ist, um eine „Groups" Gruppe zu erzeugen. Aktiviert man das Feature, kann per Default jeder Anwender „Groups" Gruppen erstellen. Beim Anlegen einer „Groups" Gruppe werden automatisch folgende Elemente erstellt:

- ❏ Kalender
- ❏ Dokumentenablage
- ❏ Mitgliederliste
- ❏ OneNote Notizbuch
- ❏ Newsfeed

Die Elemente stehen dann allen Mitgliedern der „Groups" Gruppe zur Verfügung. Eine Übersicht über alle „Groups" Gruppen, in denen ein Anwender Mitglied ist, erhält er über die „Groups" Übersicht.

Das Feature ist damit eine Komponente des Lean Portal Ansatzes, wie im Kapitel „Polylogische Systemarchitektur" beschrieben. Bei diesem Ansatz werden nur wenige Strukturen fix vorgegeben. Dem Anwender wird die Freiheit gelassen, sich das Werkzeug seiner Wahl selbst auszusuchen. Damit er das kann, muss ihm die Unternehmens-IT die dafür notwendige Infrastruktur/Plattform zur Verfügung stellen. Features wie z.B. „Groups", ein unternehmenseigener App Store oder der Zugriff auf den Office Store müssen in der Architektur und im Design zukünftiger Portale vorgesehen werden. Das ist eine der Herausforderungen beim Erstellen von modernen Portallösungen – und nicht in welcher Ecke der Starseite oder unter welchem Menüpunkt der Speiseplan zu finden sein wird.

Da die Anwender individuell bestimmen können, welche Funktionen sie nutzen, welche Apps sie auf ihre Startseite pinnen etc., ist das Ergebnis dieses Ansatzes ein Portal, das sich individuell und selbständig anpasst; also ein „self designing portal".

Glauben Sie, dass so etwas funktionieren kann? Nun, im Internet hat dieser Ansatz funktioniert. Welche Apps ich bei Facebook nutzen möchte, bestimme ich selbst. Damit entscheide ich über das Aussehen bzw. den Inhalt meiner Facebook Timeline. Die Fitness App meiner Wahl richtet sich nicht zuletzt danach, welche App Freunde und Bekannte dafür benutzen – und damit sind wir bei einem wichtigen Punkt, der über den Erfolg oder Misserfolg eines solchen Ansatzes im Unternehmensumfeld entscheidet. Ob anstelle von Doodle die App MeetSweet oder anstelle von Dropbox die Microsoft Lösung OneDrive verwendet wird, hängt nicht zuletzt davon ab, ob es gelingt, eine kritische Masse von der Verwendung solcher zentral zur Verfügung gestellten Apps zu überzeugen.

Dieses Phänomen ist eine Ausprägung des Themas „Kollektive Intelligenz". Bei Wikipedia ist dazu Folgendes zu finden:

Schwarm, Macht der Masse – Kollektive Intelligenz, auch Gruppen- oder Schwarmintelligenz genannt, ist ein emergentes Phänomen. Kommunikation und spezifische Handlungen von Individuen können intelligente Verhaltensweisen des betreffenden „Superorganismus", d.h. der sozialen Gemeinschaft, hervorrufen. Zur Erklärung dieses Phänomens existieren systemtheoretische, soziologische und philosophische, aber auch pseudowissenschaftliche Ansätze.

Wikipedia: http://de.wikipedia.org/wiki/Kollektive_Intelligenz

Beispiel:

Im Rahmen eines Yammer Projekts entstand innerhalb weniger Stunden nach dem GoLive die Gruppe „LottoTippgemeinschaft". Diese Gruppe hatte natürlich nichts mit dem eigentlichen Einsatzszenario von Yammer im Unternehmen zu tun, zeigte aber, dass die Anwender direkt verstanden haben, was mit der Lösung alles möglich ist. Die Lektion wurde also als valide gelernt. Und was bei der Tippgemeinschaft funktionierte, nämliche Kollaboration und virale Kommunikation, wurde dann auch erfolgreich im täglichen Arbeitsumfeld angewandt.

Ganz klar ist, dass es auch so etwas wie einen Schwarmunsinn gibt. Wenn also eine gewisse kritische Masse das System ablehnt, egal aus welchen Gründen, wird der Rest nachlaufen. Bedenken Sie dieses Risiko stets und machen Sie es zu einem wesentlichen Gradmesser bei der Einführung einer Portallösung!

Die 80/20 Regel

Von 80/20 war in diesem Buch nun schon öfter die Rede. Interessant finde ich, dass dieses Verhältnis für ganz unterschiedliche Themen zu stimmen scheint. Bisher haben wir es in den Bereichen Customizing, Redaktionelle Strukturen, CI Anpassung und Planung angetroffen. Zeit, dem Thema ein eigenes Kapitel zu widmen.

Wie im Kapitel „/_layout/Der Plan" schon beschrieben, war einer der ersten, der dieses Prinzip beschrieben hat, Vilfredo Pareto gewesen. Wenn ich von mir selbst ausgehe, dann war ich mir dieser Tatsache auch schon bewusst, bevor ich von Herrn Pareto gelesen habe. Was Vilfredo Pareto beschreibt, nämlich dass 80 % der Ergebnisse in 20 % der Gesamtzeit eines Projekts erreicht werden, spiegelt sich auch in anderen Aussagen und Erfahrungen wider. „Die letzten 5 % machen immer den meisten Ärger" oder ähnliche Formulierungen zielen auf das gleiche Phänomen ab.

Wenn man sich den Wikipedia Artikel zu Herrn Vilfredo Pareto, der weiter vorne im Buch verlinkt ist, durchgelesen hat – und das haben Sie ja bestimmt alle getan – findet man dort einige sehr interessante Aspekte:

❏ *Das Ungleichverteilungsmaß hat bei einer 50-50-Verteilung den Wert „0". Knapp über einer 80-20-Verteilung ist der Wert „1". Bei einem weiteren Anstieg in Richtung einer 100-0-Verteilung steigt der Theil-Index theoretisch ins Unendliche ... Der Theil-Index gehört zu der Klasse der Ungleichverteilungsmaße und wurde von Henri Theil entwickelt ... Ein Ungleichverteilungsmaß beschreibt den Grad der Ungleichverteilung einer Größe gegenüber einer anderen Größe in der Statistik.*

Quelle: Wikipedia.

Diese Statistik belegt ein Alltagsphänomen, das wir alle gut kennen. Nämlich, dass es eine Lösung, die zu 100 % Zustimmung findet, nicht gibt –

zumindest nicht auf Dauer. Achtung! Das bedeutet nicht, dass man direkt von vornherein Abstriche machen sollte und erst gar nicht 100 % (Benutzerakzeptanz, Integration, Verfügbarkeit des neues Portals, etc.) anstreben sollte. Es bedeutet vielmehr, dass der Aufwand umso größer wird, je näher man sich diesen 100 % nähern möchte. Der Theil-Index errechnet z.B. auch, dass 90 % der Anforderungen mit 50 % des Aufwandes zu erreichen sind. Rein statistisch betrachtet also immer noch ein durchaus erstrebenswertes Ziel, das sich mit vertretbarem Aufwand realisieren ließe.

Ein weiterer, sehr interessanter Aspekt aus dem Wikipedia Artikel über Vilfredo Pareto ist Folgender:

❏ *Das Paretoprinzip wird häufig kritiklos für eine Vielzahl von Problemen eingesetzt, ohne dass die Anwendbarkeit im Einzelfall belegt ist.*

Quelle: Wikipedia.

Es gibt durchaus Anforderungen, für die eine 80 %-Lösung keine Option ist. Stellen Sie sich nur mal vor, nur 80 % ihrer Mails erreichen den Empfänger oder nur 80 % der Benutzer in ihrem Unternehmen sind korrekt lizensiert. Das ist sicher keine Option.

Und zuletzt der Punkt, der mir selbst am wichtigsten erscheint:

❏ *Pareto weist darauf hin, dass diese Regel nur gilt, wenn die Elemente des Systems unabhängig voneinander sind. Durch Interdependenz der Elemente wird die Situation verändert. In der Praxis ist folglich die Zahl der relevanten Elemente sehr gering; sehr wenige Elemente bestimmen fast den gesamten Effekt.*

Quelle: Wikipedia.

Diese Aussage schließt an den vorangegangen Punkt an. Einige wenige Anforderungen können zu einem sehr großen Teil über Erfolg oder Misserfolg entscheiden. Missbrauchen Sie also die 80/20 Regel nicht, um schlechte Vorbereitung oder Probleme im Projekt zu kaschieren.

Ein gänzlich anderer Aspekt, der in diesem Kontext eine Rolle spielt, ist die Frage, ob jeder Benutzer immer 100 % der Funktionen einer Anwendung benötigt. In diese Kerbe schlägt z. B. das bereits weiter vorne im Buch angesprochene Tool Sway, das Microsoft vor kurzem herausgebracht hat. Wie beschrieben hat Sway nicht ansatzweise den Funktionsumfang von PowerPoint oder die komplexen Möglichkeiten von OneNote, aber in einer Vielzahl von Fällen ist es absolut ausreichend, um mal eben schnell eine Präsentation zu erstellen und mit anderen zu teilen.

Muss eine News-Meldung immer 100 % aller User erreichen? Ich behaupte NEIN. Wenn eine kritische Masse erreicht wird, geschieht die weitere Verbreitung viral. Auch das ist ein schönes Beispiel dafür, dass 100 % nicht immer und zwingend erreicht werden müssen.

Die Frage, die sich hier nun abschließend stellt, ist, wie und wann kann und sollte man von den 100 % Abstriche machen. Auf diese Frage gibt es keine 100%ige Antwort. Es wird immer im Einzelfall und von Einzelnen entschieden werden. Mein Tipp: Bleiben Sie pragmatisch.

Paranoide Maschine

Die Überschrift zu diesem Kapitel ist angelehnt an den Buchtitel „Die paranoide Maschine"[5] von Peter Krieg. Auf dem Klappentext dieses Buchs ist zu lesen:

> *„Man versprach uns ein Elektronengehirn, einen künstlich intelligenten Dialogpartner ‚den autonomen Roboter, der uns längst hätte ersetzen sollen ... aber wir schlagen uns nur mit immer schnelleren, aber völlig mechanischen Rechenknechten herum, die noch nicht einmal die Intelligenz eines Insekts erreichen."*

Das Buch ist aus dem Jahr 2005. Seitdem hat sich einiges getan. Das Stichwort hier ist „Machine Learning". Machine Learning geht weit über das hinaus, was der Search Driven Ansatz vor einigen Jahren bzw. mit Share-Point 2013 in Form eigener WebParts mit sich brachte. Der Search Driven Ansatz liefert im einfachsten Fall dynamische Ergebnisse zu einem definierten Thema.

Beispiel:

isDocument=true Author:{user}

Diese KQL (Keyword Query Language) Abfrage lässt sich z.B. in einem Suchwebpart in SharePoint verwenden und zeigt als Ergebnis die Dokumente an, bei denen der Benutzer, der die Seite aufruft, also in dessen Kontext die Abfrage abgesetzt wird, der AUTHOR ist. Klar ist, dass diese Abfrage für jeden Benutzer eine andere Treffermenge anzeigt. Dabei ist es völlig egal, wo die Dokumente innerhalb des Systems abgelegt sind, solange die Suche alle Bereiche indiziert hat. Dies ist übrigens auch ein Beispiel für die Trennung von Content und Visualisierung. Mit Intelligenz oder lernenden Systemen hat das jedoch nichts zu tun.

Einen Schritt weiter gehen die ebenfalls auf der Suche von SharePoint basierenden Funktionen „Recomendations" und „Suggestions". Aufbauend auf der statistischen Auswertung des Benutzerverhaltens, generiert die Analytics Engine der SharePoint-Suche Vorschläge im Kontext des angemeldeten Benutzers bzw. im Kontext eines Inhalts.

Ein Vorschlag im Benutzerkontext bei Amazon wäre demnach die Rubrik „Empfehlungen für Sie". Die Inhalte in dieser Übersicht werden aus meinem Kaufverhalten bzw. daraus, welche Artikel und Rubriken ich mir angesehen habe, erzeugt. In SharePoint finden wir Beispiele für solche „Suggestions" in der MySite. Dort werden uns im Bereich „Dokumente" Dokumente angezeigt, denen wir folgen. Unter anderem basierend darauf, schlägt uns das System in einem separaten WebPart weitere Dokumente vor, die für uns interessant sein könnten. Analog verhält es sich für Seiten oder Benutzer, denen wir folgen. Vorschläge im Kontext von Inhalten zeigt uns Amazon an, wenn wir ein Produkt aufrufen. Unterhalb des eigentlichen Produkts findet sich dort ein Bereich mit der Überschrift „Wird oft zusammen gekauft" bzw. „Kunden, die diesen Artikel gekauft haben, kauften auch". Diese Empfehlungen sind also völlig losgelöst vom Benutzerkontext und zeigen Relationen zwischen einzelnen Inhalten an. „Item-to-Item-recomendation" ist hier das Stichwort. Diese Funktion kommt in Share-Point basierten Portals meist im Kontext von Web Content Management Szenarien zum Einsatz. Basis bildet hier das Feature „Catalogs". Die Familie der Search Driven WebParts bringt dafür sogar ein eigens vorkonfiguriertes WebPart mit. In SharePoint bzw. vor allem im Intranet-Portal Kontext kommt natürlich, wie auch bei den „Suggestions" im Benutzerkontext, die Security dazu. Einem Benutzer werden niemals Inhalte suggeriert, auf die er keine Berechtigungen hat. Beim Thema Web Content Management ist Security nicht immer ein Aspekt. Auf Webseiten, vor allem im Internet, wird oft auch anonym zugegriffen.

Die hier beschriebenen Funktionen basieren, wie gesagt, rein auf statistischen Auswertungen der Analytics Engine. Die SharePoint Suche sammelt und aggregiert Daten wie z. B.:

- ❏ Ein Benutzer hat nach dem Begriff „Contoso" gesucht.
- ❏ 78-mal wurde heute nach dem Begriff „Project Falcon" gesucht.

Diese Auswertungen können wir uns in SharePoint anonymisiert in Form der Suchstatistiken anzeigen lassen. In der Analytics Engine werden sie genutzt, um „Recomendations" und „Suggestions" zu generieren. Mit Intelligenz und Lernen hat das trotzdem noch nichts zu tun.

Wenn wir im nächsten Schritt über intelligente und lernende Systeme sprechen, müssen wir vorher kurz über Lernen und Intelligenz als solches sprechen.

„Wer noch nie einen Fehler gemacht hat, hat sich noch nie an etwas Neuem versucht". Dieser Satz stammt aus dem Buch „Die Kunst, Fehler zu machen"[7] von Manfred Osten und beschreibt sehr einfach und treffend, was es mit dem Lernen auf sich hat. Aber können Computer Fehler machen? NEIN, können Sie nicht, es sei denn durch Fehlfunktionen – und hier liegt das Problem.

Die Theorie des Lernens unterscheidet zwischen Fehlern und Irrtümern:

Ein Irrtum ist eine falsche Entscheidung. Eine Entscheidung setzt voraus, dass es etwas zu entscheiden gibt, also ein Weg neu gefunden oder unter anderen Wegen ausgewählt werden muss, der nicht schon im Voraus erkennbar zum gewünschten Ziel oder Effekt führt. Eine Entscheidung also, deren Konsequenz nicht unmittelbar und damit vorhersehbar ist. Wenn wir z.B. eine bestimmte Straße in einer uns fremden Stadt suchen und bei der Lektüre des Stadtplans eine Linksabbiegung mit einer Rechtsabbiegung verwechseln, dann haben wir einen Fehler gemacht. Wenn wir eine bestimmte Route wählen, weil wir denken, sie wäre um diese Zeit wenig befahren und deshalb schneller, geraten dabei aber in einen fürchterlichen Stau, dann haben wir einen Irrtum begangen. Im ersten Fall haben wir einen Fehler bei der Interpretation einer eindeutigen Anweisung gemacht. Im zweiten Fall haben wir eine Möglichkeit von mehreren ausgewählt, die sich im Nachhinein als falsch, als Irrtum, erwiesen hat.

Quelle: „Die paranoide Maschine"[5]

Der Schlüssel zu Neuem liegt also nicht in der analytischen Logik, sondern in der kreativen Synthese – und hier kommt nun die Chance für die Computer von heute. Da logischerweise Maschinen nicht kreativ sind, also eine kreative Synthese nicht in Frage kommt, bleibt nur die Option, alle möglichen Kombinationen durchzuspielen. In der Mathematik gibt es einige Methoden zur Errechnung von Kombinationsmöglichkeiten. Eine davon ist die Fakultät. Sie besagt z.B. dass sich 6 Objekte auf 720 verschiedene Möglichkeiten kombinieren lassen: 6x5x4x3x2x1=720. Eine andere Methode haben wir bereits weiter vorne im Buch bei „Szenario 1" in Kapitel „Mathematik" kennengelernt. Hier beschäftigen wir uns nun aber nicht mehr mit der Analytik, sondern beginnen, uns mit der Kombinatorik zu befassen. Die Kombinatorik hilft bei der Bestimmung der Anzahl möglicher Anordnungen (Permutationen) oder Auswahlen (Variationen oder Kombinationen) von Objekten (Quelle: http://www.mathebibel.de/kombinatorik). Oder wie Wikipedia das formuliert: Die Kombinatorik ist eine Teildisziplin der Mathematik, die sich mit endlichen oder abzählbar unendlichen, diskreten Strukturen beschäftigt und deshalb auch dem Oberbegriff diskrete Mathematik zugerechnet wird. Beispiele sind Graphen. Graphen?! Office Graph... da war doch was ... Aber dazu gleich mehr.

Kommen wir erst noch einmal zurück zur Theorie des Lernens. Lernen setzt einen Bezugsrahmen voraus. Damit etwas gelernt werden kann, muss es sich als valide erweisen. Die heutige Lerntheorie basiert unter anderem auf der Arbeit von Gregory Bateson (1904–1980). Bateson unterschied zwischen verschiedenen Arten des Lernens, beginnend mit dem sogenannten Lernen 0, dem Lernen 1, 2, 3 und 4. Einen sehr guten Überblick zu diesem Thema liefert dieser Artikel des Lehrstuhls für allgemeine Pädagogik der Ruhr-Universität Bochum: http://homepage.ruhr-uni-bochum.de/gregor.betz/bateson/bateson-lerntheorie.pdf.

Lernen 1 ist aktuell die einzige Ausprägung, die wir in computergestützten Systemen nutzen können. Die Definition nach Gregory Bateson sagt sinngemäß aus, dass es sich beim Lernen 1 um ein Lernen basierend auf Feedback und Irrtum handelt. Lernen 1 ist die „Zurücknahme der Wahl innerhalb einer unveränderten Menge von Alternativen". Die Menge der Alternativen lässt sich dabei wie oben beschrieben z.B. mittels Fakultät berechnen.

Nun stellt sich hier aber die Frage, auf welcher Basis die Zurücknahme erfolgt. Die Antwort: Führt eine Alternative nicht zu einem erkennbar verwertbaren oder valiiden Ergebnis wird sie zurückgenommen. Ob eine Alternative im Bereich gegebener Bedingungen eine brauchbare Option ist, lässt sich alleine mit der „Versuch und Irrtum Methode" in der Regel nicht bestimmen. Das liegt an der exponentiell ansteigenden Anzahl von möglichen Alternativen in komplexen Szenarien. Was hier nun zum Einsatz kommt, kennen wir unter dem Begriff Data Mining. Ein Beispiel dafür wird im Buch „Die paranoide Maschine"[5] anhand von Möglichkeiten beim Schach beschrieben. Vereinfacht gesagt geht es darum, Muster/Spielzüge, die sich in einer Spielsituation als valide herausgestellt haben, auch auf andere, ähnliche Spielsituationen anzuwenden.

Ob eine Entscheidung richtig war, stellt sich aber erst heraus, wenn sie umgesetzt wird. Dadurch eröffnet sich die Möglichkeit einer Rückkopplung. So kann dem zugrundeliegenden Modell mitgeteilt werden, ob eine Alternative brauchbar war und als valide/gelernt beibehalten werden kann.

Puh, das war ziemlich viel, sehr abstrakte Theorie. Kommen wir zur praktischen Ausprägung innerhalb des Microsoft Universums. Vorreiter des Themas im Kontext von Portalen war die Analytics Funktion der Share-Point Suche. Hier besteht aber nicht die Möglichkeit, dem System direkt Feedback zu geben, ob die Alternativen, die suggeriert werden, brauchbar sind. Machine Learning hingegen hat den Anspruch aus dem, was der Benutzer im System/Portal tut, automatisch bzw. „lernend", einen Mehrwert zu generieren. Die technische Implementierung dafür ist in der Microsoft Welt der Office Graph. Die Grundlage der Graph Technologie ist dabei weder eine Erfindung von Microsoft noch etwas, das die IT hervorgebracht hat. Die Graph Theorie kommt, wie sollte es anders sein, aus der Mathematik.

Ein Graph ist eine abstrakte Struktur, die eine Menge von Objekten zusammen mit den zwischen diesen Objekten bestehenden Verbindungen repräsentiert.

Ein Beispiel, das sehr anschaulich zeigt, worin der Unterschied zwischen den beiden Technologien Analytics und Office Graph besteht, ist Folgendes: Die SharePoint Suche sammelt und aggregiert wie oben beschrieben Daten.
Beispiel:

❏ Ein Benutzer hat nach dem Begriff „Contoso" gesucht.
❏ 78-mal wurde heute nach dem Begriff „Project Falcon" gesucht.

Der Office Graph sammelt und bewertet Beziehungen zwischen Objekten. Beispiel:

❏ Der Benutzer John Doo hat das Dokument Contoso.docx bearbeitet.

Vom Inhalt des Dokuments Contoso.docx weiß der Office Graph nichts. Es findet keine Volltextindizierung oder ähnliches statt. Der Graph speichert und aggregiert lediglich die Relation, dass der Benutzer John Doo das Dokument bearbeitet hat.

Der Office Graph "lernt" also von den Daten und Aktionen der Benutzer mit den Daten innerhalb von Office 365. Zukünftig werden wir in Office 365 und Windows Azure auch die Möglichkeit haben, den Office Graphen mit Daten aus externen Systemen anzureichern.

Delve ist das in Office 365 integrierte Frontend für den Office Graph. Die Delve Webseite zeigt in Form eines Dashboards aktuelle und relevante Informationen an, ohne dass Anwender selbst danach suchen müssen. Wichtig dabei ist, dass – wie überall in SharePoint – nur jene Informationen angezeigt werden, auf die ein Benutzer auch Zugriffsrechte hat.

Delve bietet unterschiedliche Menüpunkte an. Per Default wird der „Home" Feed angezeigt. Hier werden, basierend auf Machine Learning, Modelle und Inhalte angezeigt, die vom System als interessant und relevant für den angemeldeten Benutzer bewertet wurden. Der Menüpunkt "Me" zeigt die eigenen, zuletzt bearbeiteten Dokumente des angemeldeten Benutzers an. Den gleichen Ansatz verfolgt das neu angekündigte Feature „Codename Infopedia". Der Unterschied zu Delve ist, dass diese Lösung nicht Personen, sondern themen- bzw. content-fokussiert ist. Infopedia aggregiert also, basierend auf dem Office Graphen, Inhalte und Informationen zu einem bestimmten Thema.

Wie aber findet bei Delve, Infopedia bzw. dem Office Graphen eine Rückkopplung statt, so dass das System Feedback zu seinen Entscheidungen

erhält? Wenn wir uns die Abfragesprache des Office Graphen, die sogenannte Graph Query Language anschauen, finden wir dort die Antwort.
Die Graph Query Language kennt die Entität „Viewed". Der Graph speichert die Information, dass ein Benutzer sich ein Dokument angesehen hat.
Darüber geben wir Feedback an das zugrundeliegende Modell, ob die Prognose, dass das Dokument relevant für den Benutzer ist, richtig war.

Diese Feedbackmöglichkeit unterscheidet unter anderem die Technologie
des Office Graphen wesentlich von Techniken wie z. B. dem automatischen
Klassifizieren von Inhalten basierend auf Wörterbüchern. Bei dieser Technologie werden anhand vorgegebener Listen, meist in Form von CSV Dateien oder Tags automatisch vergeben. Enthält also z. B. ein Dokument im
Namen das Wort „Contoso Marketing", wird dem Dokument automatisch
das Tag „Contoso" zugewiesen. Natürlich kann diese Zuordnung durch z. B.
den Autor wieder rückgängig gemacht werden, wenn sie unzutreffend war
oder sich der Kontext des Dokuments ändert. Das zugrundeliegende System, das die Zuordnung erzeugt hat, bekommt davon aber nichts mit. Es
lernt also nichts.

Das Verwenden von Tags und Metadaten zum Klassifizieren von Inhalten
ist ganz und gar nicht neu. In seinem Buch „Das Phantom im Netz"[8] beschreibt Kevin Mitnick den Aufbau einer Datenbank bei Sun Microsystems
aus den frühen 1990er Jahren, in der Fehler in deren Betriebssystem ge-
sammelt wurden. Der Auszug sieht so aus:

Kurzfassung	Mit Syslog kann jede Systemdatei überschrieben werden
Schlüsselworte	Sicherheit, Passwort, Syslog, überschreiben, System
Schweregrad	1
Priorität	1
Verantwortlicher	Kwd
Beschreibung	Mit dem Syslog- und Syslog-Anwendungen unter LOG_ USER kann jede Systemdatei überschrieben werden …

Wie wir sehen, wurde auch damals schon mit Tags gearbeitet. Trotzdem tut man sich mit diesem Thema nach wie vor schwer und zwar unter anderem aus dem Grund, dass auch hier keine Rückkopplung erfolgt. Der Anwender, der die Metadaten vergibt, erhält kein oder nur vereinzelt Feedback darüber, ob die von ihm vorgenommene Klassifizierung richtig war und von anderen angenommen wurde. Das führt bei Anwendern in der Regel dazu, dass sie erst gar keine Tags vergeben oder sehr bald wieder damit aufhören. Achtung! Ich spreche hier von Anwendern, nicht von Redakteuren, deren Aufgabe es ist, Taxonomien und Strukturen von Metadaten zu erarbeiten, mit deren Hilfe Informationen im Kontext des Unternehmens kategorisiert werden können.

Mit dem Office Graphen haben wir eine Technologie zur Verfügung, die es uns ermöglicht, komplexe Strukturen, die aus einer Menge von Objekten zusammen mit den zwischen diesen Objekten herrschenden Verbindungen bestehen, abzubilden. Damit ist der Office Graph eine Technologie, mit deren Hilfe polylogische Strukturen erfasst, zugreifbar und auswertbar werden. Um in die riesige Menge aus Daten und Relationen eine Struktur zu bringen, ist der Office Graph personenzentrisch ausgerichtet. Er zeigt Inhalte und Relationen immer in Bezug auf eine Person an, wie z. B. beim „Home" Feed in Delve. Der Office Graph setzt dabei auf Machine Learning-Algorithmen, die basierend auf der Lernen 1 Theorie von Gregory Bateson aufgrund von Rückkopplung „lernen".

Damit haben wir die technologische Basis für ein sich selbst designendes Portal. Abhängig davon welche Daten abgelegt werden, welche Relationen die Daten zueinander haben und wie die Benutzer mit den Daten arbeiten, lernt, verändert und passt sich das Portal selbst an seine Benutzer an.

Ein Wermutstropfen bleibt aber auch hier. Es gibt ganz unterschiedliche Arten wie wir uns Informationen merken und Neues lernen. Beim Erinnern rufen wir Informationen im Kontext ab, also wo, wann oder wie wir etwas erfahren haben. Die Gehirnforschung zeigt, dass wir uns merken, wo wir eine Information in einem Buch gelesen haben. Also z. B. im letzten

Kapitel des Buchs, unten rechts auf der Seite. Oder dass der Projektplan im Abteilungslaufwerk im dritten Ordner von oben liegt. Delve zeigt uns Informationen sortiert nach der Relevanz der Information an. Das Neueste und Relevanteste wird also immer von oben links beginnend aufgelistet. Nicht zuletzt ist dies ein Grund dafür, dass Benutzer dieser neuen Technologie anfangs etwas skeptisch gegenüberstehen. Ein interessanter Inhalt, der heute noch in der zweiten Reihe ganz rechts angezeigt wurde, kann morgen schon woanders auftauchen.

/_layout/Tool Time

Das Problem, wenn man heute über Technik schreibt, ist, dass noch bevor man damit fertig ist, sich das Geschriebene vielleicht schon wieder überholt hat. Deswegen geht es in diesem Kapitel nicht um Techniken und Technologien im Detail. Dafür ist die deutlich bessere, weil immer aktuellere, Quelle das Intranet. Prinzipielle Ansätze, Ideen und Strategien sind das Thema dieses Kapitels.

Nicht Fleisch – nicht Fisch: Hybridumgebungen

„Cloud first, Mobile first" – das ist der aktuelle Slogan von Microsoft und anderen Unternehmen wie Apple, Oracle oder auch IBM. Wenn man die Frage nach dem „WARUM" stellt, ist die Antwort meistens nicht ganz so schnell bei der Hand wie der Slogan selbst. Ist eine Cloud Lösung billiger? Ja, in aller Regel ist sie das. Klar müssen wir alle, gerade auch im unternehmerischen Kontext, auf die Kosten achten, aber ist „billiger" nicht oft auch ein Synonym für „schlechter"? Was das angeht kann ich Sie beruhigen. Lösungen wie Office 365 sind in aller Regel günstiger als eine reine on-premise Infrastruktur. Das betrifft sowohl die Anschaffungskosten als auch die Kosten für den Betrieb und den Service solcher Lösungen. Schauen wir uns hingegen Lösungen wie Windows Azure oder Amazons Cloud Angebot an, wird schnell klar, dass diese Lösungen nicht zwingend damit punkten, sehr günstig oder günstiger als Lösungen zu sein, die vom Unternehmen selbst angeschafft und betrieben werden. Rein aus der Perspektive der Kosten betrachtet, haben Cloud Lösungen den Vorteil, dass sie sehr gut planbar und skalierbar sind. In einer Office 365 Lösung lässt sich genau planen und kalkulieren, was ein Nutzer pro Monat oder pro Jahr an Kosten verursacht. Analog verhält es sich mit Windows Azure. Hier ist der Aufhänger meistens nicht die Benutzeranzahl, sondern die Menge der benötigten bzw. verwendeten Ressourcen wie Speicherplatz, Rechenzeit oder Arbeitsspeicher. Beiden Lösungen gemeinsam ist der Pay-as-you-use-Ansatz. Wenn Sie einen Windows Azure Dienst, wie z.B. einen Server, auf dem ihre Testumgebung abgebildet ist, nicht benötigen, schalten Sie ihn einfach aus. Damit verursacht er dann in der Regel auch keine Kosten mehr. Gut, das ist in einer on-premise Umgebung ähnlich. Allerdings belegt der Server, der ja auch erst mal angeschafft werden muss, in ihrem Rechenzentrum, auch wenn er ausgeschaltet ist, immer noch Festplattenspeicher, Platz im Serverraum und bindet Ressourcen wie Netzwerkanbindung etc.

Über die Frage, welche Lösung im Einzelfall günstiger oder aus betriebswirtschaftlicher Sicht geeigneter ist, kann und sollte man lange diskutieren. Generell ist eine Cloud Lösung von ihrem Charakter her ein Mietmodell, während eine on-premise Lösung tendenziell eher eine Kauflösung ist. Die Entscheidung „Kaufen" oder „Mieten" ist für Unternehmen nicht neu. Genau die gleiche Frage stellt sich bei vielen anderen Ressourcen ganz ähnlich. Angefangen bei den Büroräumen über Firmenwagen bis hin zu den Arbeitskräften selbst, können Firmen heutzutage entscheiden, ob sie lieber kaufen bzw. einstellen oder mieten bzw. ausleihen. Wobei, auch Hard- und Software für on-premise Lösungen kann man mieten/leasen. Ganz so einfach ist es also im Detail dann doch nicht.

„Enterprises Quickly Moving Beyond Cost Reduction To Customer-Driven Results" ist der Titel eines Forbes-Artikels, der das Thema „Cloud JA oder NEIN" bewusst nicht rein auf die Kostenfrage reduziert. Der Artikel stützt sich dabei auf die Studie „2014 Cloud Survey Report: Elevating Business in the Cloud" von KPMG.

Als TOP-Faktoren, warum Cloud Lösungen in Betracht gezogen werden, nennt die Studie folgende Aspekte:

❏ Drive cost efficiencies = 49 %
❏ Better enable mobile workforce = 42 %
❏ Improve alignments with customer / partners = 37 %
❏ Better leverage data to provide insight = 35 %
❏ New product development / innovation = 32 %
❏ Develop new business models = 30 %
❏ Shift to global shared service model = 28 %
❏ Faster time to market = 28 %

Weitere Aspekte sind Verfügbarkeit, Kundennähe, Flexibilität und neue Geschäftsmodelle mit Kunden und Partnern.

Quelle: KPMG (http://www.kpmg.com/us/en/topics/pages/cloud-takes-shape.aspx)

Wenn man sich als Unternehmen für cloudbasierte Lösungen entscheidet, ist es essentiell, nachdem diese strategische Entscheidung getroffen ist, ein Einführungskonzept zu erarbeiten. Das Thema Cloud ist kein Selbstläufer im Unternehmen – ganz im Gegenteil. Durch den strategischen Umstieg auf eine solche Lösung verändern sich viele Dinge. Arbeitsbereiche, gerade in der IT, fallen weg und neue entstehen. Dieser Prozess muss geplant und begleitet werden. An dieser Stelle muss ich noch einmal auf das Kapitel „Changemanagement" zurückkommen. IT-Projekte sollten niemals der Grund für einen Change im Unternehmen sein. Sie sind ein Aspekt bzw. ein Mittel und Werkzeug, um einen strategischen Change zu unterstützen. Die Studie von KPMG beschreibt die Strategie bei der Einführung von Cloud Lösungen unter der Überschrift „Next Steps to reaching cloud's sky-high potential" und nennt dabei folgende Punkte:

1. Make cloud transformation a continuous process
2. Drive cloud transformation from the top
3. Focus on strong leadership and engagement

4. Avoid silos

5. Measure success

Quelle: KPMG

(http://www.kpmg.com/us/en/topics/pages/cloud-takes-shape.aspx)

Gerade der zweite Punkt "Drive cloud transformation from the top" ist aus meiner Erfahrung mit der entscheidendste. Stichwort ist hier auch wieder **Managementunterstützung.**

Zusammengefasst lässt sich sagen, dass Cloud Lösungen schneller zu etablieren/umzusetzen sind und eine bessere Usability und Effizienz in komplexen globalen Strukturen bieten können. Stellt man also den Businessnutzen in den Vordergrund, ist eine cloudbasierte Architektur klar im Vorteil.

KMPG geht in seiner Studie ebenfalls auf Aspekte wie Datensicherheit, Datenschutz und Privatsphäre ein. Microsoft nimmt diese Themen sehr ernst und bietet gerade deutschen Kunden, die meist sehr hohe Anforderungen bezüglich Datensicherheit, Datenschutz und Privatsphäre haben, umfangreiche Lösungen an. Die Microsoft Cloud Lösungen erfüllen als eine der ersten fast alle nationalen und internationalen Anforderungen hinsichtlich Datenschutz und Datensicherheit im Kontext der Auftragsdatenverarbeitung. Auch das Bundesamt für Sicherheit in der Informationstechnik, kurz BSI, hat die Lösungen von Microsoft dahingehend zertifiziert. Umfassende Informationen zu diesem Thema finden Sie im Microsoft Trust Center unter http://products.office.com/de-de/business/office-365-trust-center-cloud-computing-security.

Eine wenig bekannte Tatsache ist, dass hier entgegen der landläufigen Meinung nicht die deutsche, sondern in der Regel die europäische Rechtsprechung für deutsche Unternehmen gültig ist. Datenschutzrechtliche Anforderungen ergeben sich natürlich aus dem Bundesdatenschutzgesetz, das aber auf der europäischen Datenschutzrichtlinie beruht. Die datenschutzrechtlichen Anforderungen sind daher in allen Mitgliedstaaten ähnlich. Allerdings bestehen auch nationale Besonderheiten.

Ob ein Rechenzentrum in Dublin oder Amsterdam oder in Frankfurt steht, macht unter diesem Aspekt in der Regel also keinen Unterschied. Auch die immer wieder gerne zitierte Aussage, dass z. B. Buchhaltungsdaten auf deutschem Hoheitsgebiet gelagert/gespeichert sein müssen, ist so nicht korrekt. Stichwort hier ist „Verbot mit Erlaubnisvorbehalt". Im Steuerrecht gilt daher der Grundsatz: Eine Auslagerung ins Ausland bedarf der behördlichen Genehmigung.

Bei Unklarheiten bzw. unsicherer Sachlage ist ganz klar angeraten, die Details mit den zuständigen Behörden und Fachleuten zu klären. Viele der gern zitierten Stammtischparolen erweisen sich bei genauerer Betrachtung jedoch meist als falsch. Details zu diesem Thema finden Sie auch im Kapitel „/_layout/Wie sehen die Anderen das eigentlich?" im Beitrag von Simone Bach und Dr. Michael Rath.

Microsoft arbeitet an Lösungen, die den Zugriff im Klartext auf Daten und Inhalte für Microsoft selbst unmöglich macht. Dass dies so ist, wird dabei durch unabhängige, regelmäßige Audits sichergestellt. Und wenn Microsoft selbst keinen Zugriff hat, kann es die Inhalte auch nicht offen legen, auch nicht auf Anordnung – Stichwort: „Patriot Act". Dadurch eröffnen sich natürlich ganz neue Möglichkeiten und Szenarien. Funktionen mit einem ganz ähnlichen Fokus wie z. B. „Digital Right Management" oder das Feature „Advanced File Encryption", für Daten in SharePoint Online, stehen sogar heute schon zur Verfügung.

Die Microsoft „Digital Right Management" Lösung ist nicht neu und auch für reine on-premise Lösungen verfügbar. Anders sieht es da bei der „Data Loose Prevention" Funktion und der kürzlich angekündigten Lösung „Lockbox" aus. Diese Tools ermöglichen es, zu steuern, wer Daten lesen, ändern, verschicken oder z. B. ausdrucken darf. Im Falle von Lockbox kann der Anwender sogar den Administrator vom Zugriff auf Inhalte ausschließen. Diese Funktion ist besonders für sehr sensible Bereiche wie z. B. die Geschäftsleitung oder den Betriebsrat interessant. Die beiden Lösungen „Data Loose Prevention" und „Lockbox" wurden aktuell jedoch nur für die Cloud Plattformen angekündigt.

Der Projektalltag zeigt, dass es immer und überall auch Anwendungs-fälle für on-premise basierte Umgebungen gibt und geben wird. Nicht zuletzt die immer noch im Ausbau befindliche Breitbandversorgung in Deutschland ist hier ein entscheidender Faktor. Nicht überall steht eine ausreichende Internetanbindung zur Verfügung, was eine wesentliche Voraussetzung für Unternehmen auf ihrem Weg in die Cloud ist. Was also tun, wenn die strategische Ausrichtung, die technischen Rahmenparameter oder die fachlichen Anforderungen Aspekte aus beiden Welten beinhaltet. Die Lösung ist eine hybride Umgebung mit cloudbasierten Diensten und on-premise Systemen im Mix.

Mit Hybridumgebungen lassen sich Services transparent nutzen. Ob eine Lösung, wie z. B. RMS, cloudbasiert ist oder aus einem on-premise System stammt, ist für den Anwender dabei oft nicht mehr zu unterscheiden. Unternehmen haben in einer hybriden Umgebung die Wahl, welche Daten wo abgelegt werden. Sehr sensible Daten, die aus strategischen Gründen, wie z. B. Angst vor Industriespionage oder wegen gesetzlicher Vorgaben bezüglich der Verarbeitung personenbezogener Daten etc., im unternehmens-eigenen Rechenzentrum verbleiben müssen, können auch weiterhin auf dem on-premise System abgelegt werden. Weniger sensible Daten, zentrale Services wie Mail und Chat Funktionen oder cloudbasierte Dienste, wie z. B. Social Listening oder Massendatenverarbeitung, lassen sich hingegen problemlos cloudbasiert abbilden. Mit einer hybriden Umgebung stehen Firmen die Vorteile beider Welten als ganzheitliche Lösung zur Verfügung. Dies umfasst auch die Verwaltung der Benutzer- und Login-Informationen. Basierend auf Techniken wie DirSync und ADFS (Directory Synchronisation und Active Directory Federation Services) können Anwender die gleichen Login-Informationen verwenden, um sich sowohl an Cloud Diensten als auch an lokalen on-premise basierten Systemen anzumelden. Für den

Anwender entsteht so eine ganzheitliche und durchgängige Umgebung. Und NEIN, die Anmeldedaten liegen in dem Fall nicht in der Cloud. Die Anmeldedaten liegen im on-premise Active Directory. Die Benutzerpasswörter werden als 2-fach ge-hashter Wert z. B. nach Windows Azure Active Directory synchronisiert. Beim Anmelden eines Benutzers an der Cloud Umgebung wird dieser Hashwert verglichen. Details zu dieser Technologie finden Sie unter dem Stichwort „ADFS" im Internet.

Stay in one universe

SAP, Lotus Notes, SharePoint, Active Directory, Samba Server, Outlook, Sendmail usw. usf. – so sehen nicht selten die Systemlandschaften in gewachsenen Unternehmen aus. Generell hat man, wenn es darum geht, neue Systeme einzuführen oder alte abzulösen bzw. ein Konsolidierungsprojekt zu planen, zwei Möglichkeiten: Den „Suites" Ansatz und den „Best of Breed" Ansatz.

„Best of Breed" bedeutet, dass man das beste am Markt befindliche System für eine fachliche Anforderung einführt. Da für unterschiedliche Anforderungen, die es nun mal in einem Unternehmen gibt, ganz verschiedene Lösungen von unterschiedlichen Herstellern existieren, führt das dazu, dass man viele Systeme anschaffen, einführen und betreiben muss.

Der „Suites" Ansatz verfolgt ein anderes Ziel. Hier geht es darum, die unterschiedlichen Lösungen, die von den Fachbereichen benötigt werden, mittels einer „Middleware" zu einem großen Ganzen, einer Suite, zu vereinen.

Beispiel:

Im Bereich Dokumentenmanagement besteht für einen gewissen Bereich an Dokumenten, z. B. Buchhaltungsdaten, die Anforderung, dass sie nach GDPdU (Grundsätze zum Datenzugriff und zur Prüfbarkeit digitaler Unterlagen) revisionssicher archiviert werden müssen. Das ist mit einer reinen SharePoint Lösung nicht durchführbar. Vereinfacht dargestellt ist der Hintergrund der, dass in einer reinen SharePoint Lösung der Administrator nicht ausgesperrt werden kann. Er kann sich, da er ja der Administrator ist, einfach wieder selbst berechtigen, auch wenn ihm die Rechte an einem archivierten Dokument entzogen wurden.

Mit einer Lösung wie z. B. EMC Documentum ist eine revisionssichere Archivierung abbildbar. Jeder, der schon einmal mit Documentum zu tun hatte, weiß, dass dieses System sehr mächtig ist, die Usability aber weit hinter dem moderner Systeme, wie z. B. SharePoint, zurückbleibt.

Die Lösung: SharePoint wird als führendes System im Bereich Dokumentenmanagement eingeführt. Die Dokumente, die revisionssicher archiviert werden müssen, werden, wenn sie zur Archivierung anstehen, automatisch im Hintergrund nach Documentum verschoben. Dem Anwender werden die Dokumente z. B. für Recherchen, nach wie vor im SharePoint angezeigt, so, als wären sie immer noch da, nur eben archiviert. Dies kann einfach durch einen Connector, wie er z. B. von EMC direkt oder von anderen 3rd Party Tools Anbietern angeboten wird, realisiert werden.

Alle Inhalte, für die nicht diese spezielle Anforderung nach Revisionssicherheit gilt, werden ganz normal in SharePoint bearbeitet. Aus Sicht des Anwenders handelt es sich also um eine ganzheitliche Lösung.

Solche „Suites" Architekturen haben in aller Regel eine deutlich bessere Akzeptanz bei den Anwendern. Genau diesen Ansatz bedienen auch sogenannte Microservices, die wir im Kapitel „Swiss Army Knives" detaillierter beleuchten.

Das beschriebene Beispiel zeigt, dass es heutzutage und zukünftig nicht mehr nötig sein wird, für jede fachliche Anforderung eine separate Lösung unternehmensweit auszurollen. Durch eine intelligente Architektur können unterschiedliche Lösungen für den Anwender transparent miteinander interagieren.

Bedeutet das nun, dass wir im Hintergrund trotzdem nach wie vor SAP, Lotus Notes, SharePoint, Active Directory, Samba Server, Outlook, Sendmail usw. haben werden und die Anwendungen lediglich durch eine Middleware verbunden und durch ein integriertes Frontend gekapselt werden? NEIN, das ist nicht die Idee! Vielmehr geht es darum, sich für ein führendes System zu entscheiden.

Da Lösungen wie SAP, SharePoint oder auch Google Apps immer mehr können, lassen sich heutzutage meist 70 % und mehr der fachlichen Anforderungen mit einer dieser Lösungen erfüllen. Für die verbleibenden 30 % sollte dann eine integrierte Architektur nach dem „Suites" Ansatz umgesetzt werden.

Dokumentenmanagement, Aufgabenverwaltung, Workflows etc. lassen sich in SAP genauso wie in SharePoint, mit Google Apps oder mit IBM-Lösungen abbilden. Da all diese Systeme inzwischen standardisierte Schnittstellen, basierend auf Webservices etc., anbieten, ist eine Integration meist recht einfach realisierbar. Noch einen Schritt weiter geht der neue strategische Ansatz von Microsoft, der nicht mehr die Microsoft eigenen Systeme priorisiert, sondern die Systeme, die am häufigsten zum Einsatz kommen. Aktuell werden z.B. die Apps für Outlook zuerst für IOS Geräte veröffentlicht und dann erst für Windows Phone und Windows – ganz einfach, weil die Apple Geräte eine höhere Verbreitung am Markt haben.

Der Ansatz, bei einem Hersteller zu bleiben, der vor einigen Jahren favorisiert wurde, weicht also immer mehr auf. Klar ist, dass gerade bei den Backend-Systemen eine Integration von z.B. Office 365, Windows Azure Active Directory und einer on-premise Active Directoy Struktur immer noch zu favorisieren ist – hier besteht einfach die größte Kompatibilität. Mit dem Tool „Google Apps Directory Sync" lässt sich aber auch eine on-premise Active Directoy Struktur problemlos mit Google Apps integrieren.

Mit all diesen, teils neuen, Möglichkeiten erscheint es schwieriger denn je, eine einheitliche Strategie für ein Unternehmen zu finden. Aus meiner Sicht muss das nicht so sein. Ganz im Gegenteil. Es ist leichter denn je:

Legen Sie ein System als favorisiertes System fest. Ob das SAP, Microsoft oder eine andere Lösung ist, muss hier natürlich ganz individuell und von Unternehmen zu Unternehmen entschieden werden.

Schauen Sie einfach, mit welcher Lösung sich die meisten fachlichen Anforderungen am besten abdecken lassen. Hier können Mitarbeiterbefragungen oder die Bildung einer Fachgruppe aus unterschiedlichen Unternehmensbereichen, die dieses Thema beleuchtet, helfen. Wenn Sie sich strategisch auf ein System festgelegt haben, wird jede Anforderung mit diesem führenden System abgebildet. Erst wenn das nicht, oder nicht mit vertretbarem Aufwand, abbildbar ist, schauen Sie, welche anderen Lösungen in Frage kommen.

Im nächsten Schritt sollten Sie diese Lösungen dann, wenn irgendwie möglich und fachlich sinnvoll, in Ihr führendes System integrieren oder an dieses andocken. Zumindest die Integration in eine globale Benutzerverwaltung, so dass sich Anwender nicht mit unterschiedlichen Anmeldedaten herumärgern müssen, ist in der Regel abbildbar.

Peter Krieger schreibt in seinem Buch „Die paranoide Maschine"[5] ganz richtig: „... *Menschen wollen nicht mit Computern und Systemen verbunden werden, sondern mit Informationen ...*".

Machen Sie diesen Leitsatz zu einem Ziel Ihrer IT-Strategie!

Die Strategie von Microsoft folgt genau diesem Leitsatz. Mit dem Betriebssystem Windows 10 wird es möglich sein, Apps anderer Plattformen wie Apple und Google zu nutzen. Das Portieren von Apps der IOS und Android Plattformen auf die einheitliche Windows 10 Plattform wird deutlich vereinfacht werden. Ein ebenso zukunftsweisender Ansatz wurde auf der

Build Konferenz 2015 vorgestellt. Das Feature „Continuum" wird es ermöglichen, das Smartphone als Desktop-PC zu nutzen. Durch das Anschließen eines Monitors und das Verbinden mit einer Tastatur verwandelt sich das Windows 10 Phone zum PC mit Desktopfunktion und allem was dazugehört.

Auch andere Themen, die heute noch separat betrachtet werden, verschwimmen immer mehr. Ein Beispiel dafür, dass wir zukünftig nicht mehr über mobile oder stationäre Lösungen sprechen werden, ist die Entwicklung des Messengers WhatsApp. Bislang war dieser Service nur für Smartphones verfügbar. Nun gibt es auch eine Version, die vom PC aus genutzt werden kann.

Die Entwicklung geht also, getreu dem Zitat „*... Menschen wollen nicht mit Computern und Systemen verbunden werden, sondern mit Informationen...*" immer mehr zu generischen Systemen und Lösungen, die nach Bedarf miteinander gekoppelt werden können.

Was meinen Sie? Wie lange werden wir noch über unterschiedliche Betriebssysteme sprechen? Ich denke nicht mehr lange – zukünftig werden wir über Plattformen sprechen.

Worker Roll – Backend Systeme

Ob Cloud für ein Unternehmen interessant ist, hat sehr viele Aspekte. Klar kann man all diese Systeme – mal mehr, mal weniger – in einem eigenen Rechenzentrum abbilden. Die Frage, ob Cloud - Lösungen für Unternehmen infrage kommen oder nicht, stellt sich aus meiner Sicht nicht mehr. Vor ein paar Jahren mag diese Frage noch etwas offener gewesen sein. Heute ist die Frage nicht, ob ein Unternehmen auf cloudbasierte Services setzt, sondern wann.

Der Hintergrund ist hier, dass sich der Markt weiter entwickelt. Will ich als Unternehmen innovative Lösungen anbieten, geht über kurz oder lang kein Weg an cloudbasierten Systemen vorbei. Das betrifft nicht nur Technologie-Firmen. Auch um als Unternehmen für zukünftige Fachkräfte attraktiv zu sein, sind moderne Arbeitsbedingungen und Umgebungen ein Muss.

In diesem Kapitel geht es aber nicht um Arbeitsmittel. Ein paar Seiten weiter vorne im Buch wurden die Gründe für Unternehmen, auf cloud-basierte Lösungen zu setzen, beschrieben. Einer davon ist, neue Produkte und Services anzubieten (New product development/innovation). Zusammen mit dem Aspekt neuer Geschäftsfelder (Develop new business models) und, daran angelehnt, neuer Services für Kunden und Partner (Shift to global shared service model), stellt sich zurecht die Frage, ob diese Innovationen auch mit einer herkömmlichen Rechenzentrumsarchitektur realisierbar wären.

Die Antwort auf diese Frage ist aus meiner Sicht ein klares NEIN. Wenn wir Aspekte wie Skalierbarkeit, Verfügbarkeit oder Zugriffe von überall weltweit betrachten, stellen wir schnell fest, dass eine nachhaltige Umsetzung dieser Anforderungen immense Ressourcen binden würde. Verstehen Sie mich nicht falsch, ich sage nicht, dass es nicht realisierbar wäre. Ich sage, dass es sehr aufwendig und teuer wäre.

Nehmen wir als Beispiel die Technologie des Office Graph, der im Kapitel „Die paranoide Maschine" beschrieben wurde. Hier handelt es sich um ein Backend System, das die Relationen und Zusammenhänge zwischen allen Objekten innerhalb einer Umgebung kennt und basierend darauf ein lernendes System abbildet. Die Rechenleistung und die Speicherkapazität, um das zu ermöglichen, sind sicherlich enorm. Wenn nun dieser Service auch noch rund um die Uhr und von allen Orten dieser Welt mit der gleichen Qualität zur Verfügung stehen soll, vervielfachen sich die benötigten Ressourcen. Denken Sie nur an die Anzahl der Mitarbeiter, die benötigt würden, um einen 7 x 24h Support an 365 Tagen im Jahr abzubilden. Verfügbarkeit mit gleicher Qualität, Antwortzeiten etc. rund um die Welt würden mehrere Rechenzentren auf verschiedenen Kontinenten bedeuten usw. usf. Jetzt kann man natürlich damit argumentieren, dass die Datensicherheit, Datenschutz, etc. ein so hohes Gut ist, das diesen Aufwand rechtfertigen würde. Im Falle des Office Graphen und vieler anderer Anwendungsfälle werden aber gar keine Daten als solches gespeichert. Der Office Graph wertet lediglich die Beziehungen und Zusammenhänge von Objekten untereinander aus, die rein durch ihre jeweiligen IDs repräsentiert werden. Der Graph weiß also, dass z.b. die ID 6876874438 mit der ID 834729749279 über eine Aktion mit der ID 78797927349 in Relation steht.

Audi geht bei diesem Thema einen sehr innovativen Weg. Unter dem Motto „Audi Connect" werden unterschiedliche Services rund um das eigene Auto oder die Firmenwagenflotte angeboten. Basierend auf einer hybriden Cloud Lösung werden sensible Kundendaten dabei in on-premise Umgebungen abgelegt. Rechenintensive Services und Funktionen, die eine hohe und globale Verfügbarkeit brauchen, laufen als cloudbasierte Lösungen. Dieser Lösungsansatz folgt dabei dem gleichen Paradigma wie der Office Graph, oder die Azure basierte DRM Lösung von Microsoft, bei der Schlüssel und Regeln cloudbasiert abgebildet werden, die eigentlichen Daten aber z. B. on-premise liegen können. Unter dem Stichwort „Audi Connect" fördert die Internet-Suchmaschine Ihrer Wahl sehr Interessantes und Lesenswertes zum Fallbeispiel von Audi zu Tage.

Bei der strategischen Entscheidung, Prozesse, Services und Lösungen in die Cloud auszulagern, geht das automatisch damit einher, Rechenzentrumsressourcen wie Server, Serverlösungen und Infrastruktur auszulagern. Viele der Bedenken bei Cloud Lösungen basieren ja nicht zuletzt darauf, dass man sich Ressourcen mit anderen Kunden des Anbieters teilen muss. Das fängt ja schon bei der Verbindung zum Anbieter an.

Ein Beispiel aus der Praxis: Man kann unter Windows Azure eigene Images für virtuelle Computer hochladen. So ein Image, das man vorher lokal bei sich im Unternehmen erstellt hat, ist dann gut und gerne mal einige Gigabyte groß. Jetzt laden sie das mal zu Azure hoch ... Mal ganz abgesehen davon, dass es auch bei einer guten Anbindung etwas dauern wird, schieben sie die kompletten Daten durch das öffentliche Internet.

Microsoft hat mit der Lösung „Windows Azure Express Route" genau auf dieses Thema reagiert. Zusammen mit verschiedenen nationalen und internationalen Internet Service Providern bietet Microsoft Ihnen eine direkte, nicht öffentliche Anbindung an das nächste Microsoft Rechenzentrum an. Sowohl unter dem Aspekt „Quality of Service", da Sie ja nun nicht mehr das öffentliche Internet nutzen müssen, als auch unter Gesichtspunkten wie Angreifbarkeit und Datensicherheit ist das ein großer Schritt in die richtige Richtung.

Müssen zentrale Backendsysteme also tatsächlich immer noch lokal im firmeneigenen Rechenzentrum betrieben werden?

Mit Techniken wie „Windows Azure Express Route" und unter den Herausforderungen für zukünftige globale Lösungen wie Skalierbarkeit, Verfügbarkeit und mobile Zugriffe, werden Unternehmen immer mehr in cloudbasierte Lösungen investieren. Der Treiber dieser Innovation ist allerdings nicht die Technologie als solche. Sie stellt nur die Voraussetzungen zur Verfügung. Der Treiber ist, wie eigentlich immer im Geschäftsleben, die Maxime „besser, billiger oder schneller" zu sein als die Konkurrenz, und die schläft bekanntlich nicht.

Swiss Army Knives

Auch wenn ich in den letzten Kapiteln etwas weiter ausgeholt habe, geht es in diesem Buch doch hauptsächlich um Portallösungen. Heutige Software-Lösungen und vor allem eben auch Portale werden webbasiert abgebildet. Aus Sicht der Entwicklung ergebenen sich daraus interessante Möglichkeiten. Mit Skriptsprachen wie JavaScript bzw. der mit am weitesten verbreiteten Bibliothek jQuery lässt sich das Document Object Model (DOM) manipulieren. Auch AngularJS erfreut sich steigender Beliebtheit.

Mit AngularJS können ganze Anwendungen (Single Page Applikationen) in JavaScript realisiert werden. Das ist nichts Neues. Im Gegensatz zu den Anfangsjahren sind Skriptsprachen inzwischen aber sehr mächtig geworden. Mit der Implementation NodeJS können sogar serverseitige Lösungen realisiert werden. Die Anzahl frei verfügbarer Erweiterungen und fertiger Snippets wie z. B. jQuery UI wächst stetig. jQuery UI ist eine Bibliothek für Lösungen zur Gestaltung und Erweiterung von Funktionalitäten der Benutzeroberfläche. Die Webseite jQuery Rain (http://www.jqueryrain. com) hingegen bietet eine Vielzahl unterschiedlicher Vorlagen für diverse Szenarien an.

Mit allen diesen Möglichkeiten lassen sich also sehr schnell und flexibel Anpassungen, Änderungen oder Erweiterungen an bestehenden Webportalen umsetzen. Dieser Ansatz folgt damit der weiter vorne im Buch beschriebenen Maxime der „Lean Portal" Strategie.

Haben Sprachen wie C# und Farmlösungen im SharePoint- und Portalumfeld also ausgedient? Aktuell kann man sagen „noch nicht". Aber sie sind auf jeden Fall eine aussterbende Spezies in diesem Bereich, zumindest wenn es darum geht, mittels managed Code, wie z. B. C#, SharePoint oder auch anderer Server Systeme wie Exchange etc. direkt per Farmsolution etc. zu manipulieren/anzupassen. Das Stichwort hier ist „Remote Deployment" und „Remote Interfaces" bzw. „REST Interfaces" und APIs. Diese Ansätze haben mit den SharePoint und Office Apps ihren Einzug in die Microsoft Welt gehalten und wurden durch die Apps für Windows Azure ergänzt. Getreu dem Motto „Gibt's da nicht eine App für?" haben Unternehmen die Möglichkeit, aus einer Vielzahl fertiger Lösungen zu wählen oder eigene Apps zu entwickeln. In welcher Programmiersprache diese Apps erstellt wurden, spielt dabei fast keine Rolle mehr. Diese Option kommt immer dann ins Spiel, wenn es darum geht, neue Funktionen in ein Portal zu bringen, die so nicht vorhanden sind. Ein schönes Beispiel hierfür ist die bereits erwähnte App Docusign. Die Funktionalität, Dokumente digital zu signieren, ist in SharePoint in keiner Weise vorgesehen oder vorhanden. Sie muss also von außen, in diesem Beispiel über eine App, zur Verfügung gestellt werden. Andere Beispiele sind Branding oder das Provissionieren von Seiten, Contenttypes und Site Columns etc.

Für solche Anwendungsfälle sind Skriptsprachen nicht immer die beste Lösung, da sie ja auf Anpassungen, Änderungen oder Erweiterungen ausgelegt sind und auf dem DOM aufsetzen. Natürlich kann innerhalb des DOM ein DIV Objekt genutzt und dort ein eigener Code realisiert werden. Auf genau diese Art embedded man ja z. B. den Aufruf für ein externes Map Control von Google Maps in ein Portal etc. Innerhalb eines DIV Objekts selbst, komplexen Code und Geschäftsprozesse zu realisieren, ist hingegen nicht zu empfehlen.

Die eigentlichen Swiss Army Knives stellen allerdings die sogenannten Microservices dar. Hier muss Folgendes gesagt werden: Die Idee der Microservices ist nicht neu. Der Gedanke hat unter dem Begriff "Service Oriented Architecture" das Licht der Welt erblickt. Grundsätzlich geht es darum, die Wandelbarkeit von Software zu erhöhen. Eine Lösung soll demnach nicht mehr aus einer großen monolithischen Lösung bestehen, sondern aus mehreren kleinen, unabhängigen Teilen. Im Idealfall beeinflusst eine Änderung oder Weiterentwicklung an einer Teillösung dabei nicht mal die anderen beteiligten Komponenten. Schöne heile Welt ... Dass das so schön und einfach nicht immer und überall funktioniert, kann man sich entweder denken, musste es schon am eigenen Leib erfahren oder erfährt es jetzt von mir.

Der Aspekt von Softwareentwicklung, grundsätzlich mit autonomen Einheiten zu arbeiten, spielt hier aber eine untergeordnete Rolle. Basierend auf Standards wie REST, OData oder Claims Authentifizierung, lassen sich autonome Services flexibel und nach Bedarf miteinander verbinden. Das Ganze hat so ein bisschen was von einem Lego-Baukasten, was nicht heißen soll, dass es Spielerei ist. Mein Kollege Damir Dobric geht darauf an der University of Applied Sciences in Frankfurt im Rahmen seiner Vorlesung zum Thema „Cloud Computing based on Windows Azure" ein. Er zeigt anhand einiger Beispiele sehr schön, wie sich dieser Ansatz im Rahmen von Lösungsszenarien anwenden lässt. In einem Fall geht es darum, dass, basierend auf dem Wert eines Datenbankfelds, in einer in Windows Azure gehosteten Datenbank eine SMS versendet werden soll. Zum Einsatz kommt dabei die App Twilio, die genau diese Funktion anbietet. Anstatt also die komplette Funktion selbst zu erstellen wird ein Microservice als Azure LogicApp mit Twilio-Connector genutzt, um die Anforderung abzubilden.

Microsoft hat mit der Ankündigung, Dropbox in seine Office Anwendungen zu integrieren, für Furore gesorgt. So gesehen, ist es nichts anderes als die Integration eines Microservices in die Office Suite.

Einen generischen Ansatz für die Nutzung unterschiedlichster Services, basierend auf standardisierten Schnittstellen und Protokollen, hat Microsoft mit dem Projekt „Siena" ins Leben gerufen. Es handelt sich dabei um eine App für Windows, mit der unterschiedliche Services genutzt werden können, um schnell und einfach eigene Anwendungen zu erstellen. Das Tool kann aktuell Daten aus z.B. Azure mobile Services, Office 365, Sozialen Netzwerken wie Facebook, Twitter etc., oder einer REST Schnittstelle nutzen. Über einfache Dialoge werden grafische Elemente und Bedienfunktionen hinzugefügt. Ist die eigene App fertig gestellt, kann sie einfach auf einem Windows System installiert oder, mit etwas Zusatzaufwand, in den Store hochgeladen und verteilt werden. Natürlich kann so eine Lösung niemals eine nachhaltige, individuelle Softwareentwicklung ersetzen. Um rudimentäre Anwendungsfälle, basierend auf Standard Protokollen und unter Verwendung anderer Microservices, schnell und günstig umzusetzen, ist sie jedoch ganz sicher geeignet.

Was aber nun, wenn sich ein Microservice, den Sie in Ihrem Portal oder in Ihrer Siena App nutzen, ändert oder nicht mehr zur Verfügung steht? Hier wird schnell klar, dass dieser Ansatz nicht das Allheilmittel sein kann – will er auch gar nicht. Vielmehr geht es darum, nicht alles immer selbst neu zu entwickeln, sondern erst mal zu schauen, was es gegebenenfalls am Markt an Lösungen gibt, die genutzt und integriert werden können. Oder, um den

Bezug zur Überschrift des Kapitels noch einmal herzustellen: Bevor Sie losgehen, um ein weiteres Werkzeug zu kaufen, schauen Sie doch erst mal was
Ihr Schweizer Taschenmesser alles an Elementen hat. Übrigens: Suchen Sie
mal im Internet unter dem Begriff „Schweizer Taschenmesser App" – ich
sag nur „Microservices in Reinform".

/_layout/let's Rock

Eine Vision zu haben, ist etwas gänzlich anderes als eine Idee nachzu-plappern! Genauso verhält es sich, wenn wir über das Planen, das Designen und die Architektur von Portallösungen sprechen. Einfach nur eine Methode abzuarbeiten und vorgefertigte Checklisten durchzugehen, führt ganz sicher nicht oder nur zu einem sehr mäßigen Erfolg. Sie sagen ja auch nicht: *„... ich hab die Noten gelernt und weiß auf welchen Tasten sie zu finden sind - jetzt kann ich also Klavierspielen".*

Wichtig ist, dass Sie eine Vorstellung davon haben, wie Ihre Portallösung aussehen soll, welche fachlichen Anforderungen darin abgebildet sein sollen und wie die Zielgruppe aussehen soll. Um sich hier Ideen und Inspirationen zu holen, ist es ganz sicher eine gute Idee mal zu schauen, was andere Unternehmen so gemacht haben. Ihr Dienstleister oder Sie selbst sollten über genügend Kontakte zu anderen Unternehmen verfügen. In der Regel sind Firmen gerne bereit, Einblicke zu gewähren und zu zeigen, wie dort Anforderungen umgesetzt wurden – erst recht, wenn das Projekt ein Erfolg war; und sowas soll es ja durchaus auch geben.

Im Folgenden gehe ich auf ein paar Gestaltungsprinzipen ein, die in jedem aktuellen und zukünftigen SharePoint Portalprojekt eine Rolle spielen. Die einzelnen Fallbeispiele sind aus tatsächlichen Projekten mit SharePoint und SharePoint Online/Office 365 entnommen. Architekturansätze, wie z.B. das im Kapitel „Let's customize Facebook" beschriebene Paradigma

„Group Productivity", finden sich hier leider nicht. Der Grund ist einfach: Sie standen zum Zeitpunkt, als das Buch geschrieben wurde, noch nicht zur Verfügung. Zukünftig werden solche Ansätze allerdings eine immer entscheidendere Rolle spielen.

Sitemaps und Subseiten

Unabhängig von der fachlichen Aufteilung, muss sehr früh in einer Portalarchitektur der physische Aufbau der Sitemaps festgelegt werden.

Abweichend vom Konzept einer statischen Sitemap Struktur, kann auch auf einen Metadaten basierenden Ansatz für Inhalte, wie z.B. Shortcuts, gesetzt werden. Dabei werden Inhalte durch die Redakteure, basierend auf Metadaten, klassifiziert und kategorisiert.

Beispiel:

– Ob eine News-Meldung global erscheint oder nur für einen Standort angezeigt wird, kann durch die Zuweisung der Metainformation „global" oder z.B. „Standort München" gesteuert werden.

Genauso verhält es sich für weitere redaktionell gestreute Elemente wie z.B. „Quick Links" oder „Lokal Services". Gründe für diese Entscheidung:

– Der metadatenbasierte Ansatz ist sehr flexibel bezüglich:

○ weitere Kategorien, die dazu kommen können
○ Struktur-Anpassungen, die sich im Laufe der Umsetzung oder in weiteren Iterationen ergeben können.

– Für neue/weitere Standorte müssen nicht jeweils neue Sitemaps erzeugt werden, lediglich das Metadatenmodell muss erweitert werden. Der Aufwand ist also deutlich geringer.

- Strukturelle Änderungen, Zusammenlegungen von Bereichen etc. können ebenfalls rein über Anpassungen des Metadatenmodells erreicht werden.

Der metadatenbasierende Ansatz garantiert also eine hohe Flexibilität im Gegensatz zum starren Sitemap Modell.

Im Rahmen der Umsetzung/Feinplanung des Intranets muss erarbeitet werden, wo dieser Ansatz zum Einsatz kommt und wo auf eine statische Sitemap gesetzt wird. Die Umsetzung wird erfahrungsgemäß eine Mischung aus beiden Varianten sein, also metadatenbasierende Strukturen und statische Sitemaps enthalten, jeweils wo nötig und sinnvoll.

Beispiel eines Fachkonzepts zum Thema Sitemaps und Subseiten:

Das Intranet-Portal muss mehrere, autonome Standorte und kleine Teamseiten abbilden können. Die verschiedenen Standorte haben jeweils unterschiedliche Sprachen.

- Globale Landing Page

    O Die Struktur wird, basierend auf dem Feature „Variation" mehrsprachig umgesetzt.

- Lokale Intranets für Länderorganisation

    O Hier sind für die größeren Länderorganisationen eigene Site-Collections, die autonom verwaltet werden können, vorgesehen. Diese „lokalen Intranets" aggregieren Informationen aus der globalen Seite und beinhalten zusätzlich lokalen Content. Hier wird keine Mehrsprachigkeit der Inhalte unterstützt.

- Bereiche für kleine Organisationen, die kaum eigene Inhalte haben:

○ Mögliche Optionen:

❑ Pages innerhalb einer bestehenden SiteCollection
❑ Kollaborationsseiten
❑ Etc.

Schematische Darstellung:

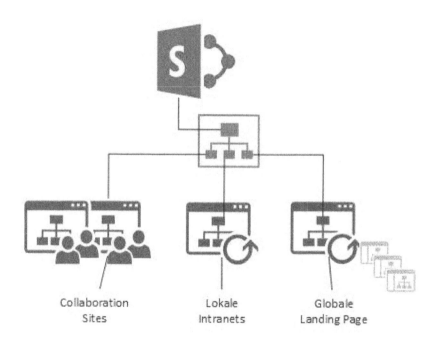

Collaboration   Lokale   Globale
Sites   Intranets   Landing Page

Redaktionelles Arbeiten/Publishing Infrastruktur

Der folgende Konzeptentwurf basiert auf der Architektur aus dem vorangegangenen Szenario.

Beispiel:

Neue Inhalte werden erfasst, indem ein Redakteur Content in die entsprechende Bibliothek, Liste oder SiteCollection lädt bzw. diese erstellt. Nach dem Hochladen oder Erfassen von neuen Inhalten müssen die entsprechenden Metadateninformationen, wie z. B. Standort, erfasst werden.

Der Redakteur kann sich, abhängig vom Typ des Inhalts, eine Preview anzeigen lassen. Optional und fachlich zu klären ist, inwieweit Inhalte direkt oder erst nach dem Durchlaufen eines Freigabeprozesses für alle Benutzer sichtbar werden.

Die Publishing Infrastruktur bedient sich in wesentlichen Teilen der Suche in SharePoint Online.

Daraus ergibt sich Folgendes:

- Die Visualisierung wird, basierend auf parametrisierten Abfragen, gegen den Index der Suche umgesetzt.
- Dadurch wird eine Trennung von Inhalt und Visualisierung ermöglicht.
- Wo ein Inhalt visualisiert wird, kann er rein über die Metadaten gesteuert werden.
- Redaktionell ist es damit auch möglich, eine Gesamtübersicht über alle Inhalte abzurufen. Diese Gesamtübersicht kann, basierend auf den jeweiligen Metadaten und dem Volltext Index gefiltert werden. Aus Sicht der Unternehmenskommunikation ist es damit sehr einfach möglich, immer einen aktuellen Gesamtüberblick über alle Inhalte zu erhalten.

Kollaborationsseiten

Zur Abwicklung kleinerer Projekte und für die Zusammenarbeit von Teams muss es im Intranet sogenannte Kollaborationsräume geben. In diesen Kollaborationsräumen können Teams Dokumente ablegen, Aufgaben verwalten und sich zu aktuellen Themen austauschen. Die Umsetzung erfolgt in diesem Beispiel auf SharePoint Online und Office 365.

Für die Kollaborationsseiten sind ein paar Besonderheiten zu beachten:

–   Kollaborationsseiten werden nicht wie Publishing Seiten vom Design her angepasst. Die Anpassungen reduzieren sich auf das zwingend Nötige, das sich durch Einsatz von SharePoint Standardtechniken, wie z. B. das Anpassen des Logos oder der Farbwerte etc., umsetzen lässt.

Hintergrund dieser Empfehlung ist Folgender:

O   Die MASTER Page der Kollaborationsseiten kommt aus einem sogenannten CDN (Content Delivery Network) und ist somit sehr performant. Wird die MASTER Page einer TeamSite angepasst, führt dies dazu, dass die modifizierte Version der MASTER Page aus der Content Datenbank der SharePoint Seite geladen wird. Das ist deutlich weniger performant.

O   Microsoft aktualisiert regelmäßig ca. alle 90 Tage die Office 365 Cloud Umgebung und im Rahmen dessen auch die Team- und Kollaborationsseiten. Sind die Seiten angepasst, kann es hier zu Fehlfunktionen und Störungen kommen. Dies gilt ausdrücklich nicht für die Publishing Seiten.

–   Die Kollaborationsseiten werden jeweils nur in einer Sprache erzeugt und vorgehalten. Das bezieht sich in aller Regel auf den Inhalt der Seiten. Die SharePoint Oberfläche passt sich dabei automatisch der Sprache des Benutzers an.

User Self Service und globale Navigation, basierend auf dem Office 365 App Launcher

Wo die Grenzen einer redaktionell vorgegebenen Navigation liegen, haben wir im ersten Kapitel des Buches auf sehr anschauliche Weise gesehen. Im folgenden Beispiel geht es darum, dem Anwender möglichst viele Freiräume beim Gestalten seiner individuellen Navigationselemente zu lassen. Realisiert wird dies auf Basis des Office 365 App Launchers. Basierend auf diesem Feature kann sich jeder Benutzer seine individuelle Navigation, losgelöst von redaktionell bestimmten Strukturen, konfigurieren.

Auch bei diesem Feature handelt es sich um eine Funktion aus dem Bereich „User-self-service"/Lean Portals.

Links im App Launcher unterscheiden sich dabei wie folgt:

- Vorgegeben, abhängig von den aktivierten Funktionen im O365 Tenant bzw. den dem Benutzer zugewiesenen Lizenzen.
- Individuell, pro Benutzer, basierend auf einem unternehmenseigenen App Store

   O In O365 in Verbindung mit Windows Azure AD besteht die Möglichkeit, einen unternehmenseigenen App Store zu definieren. Apps können entweder gekauft und im App Store bereitgestellt werden oder es können dort unternehmenseigene Apps veröffentlicht werden.
   O Pro App kann konfiguriert werden, wem diese App im unternehmenseigenen App Store zur Verfügung stehen soll. Der Benutzer hat also nur die Apps zur Auswahl, die redaktionell für ihn freigegeben wurden.

- Der App Launcher ist Teil der O365 Bar und steht somit in allen O365, Anwendungen, wie z.B. SharePoint Online, Project Online, Yammer, zur Verfügung.

Umsetzungsalternative eines hoch dynamischen Intranets mit Office 365 Groups

Bei diesem Szenario ging es darum, eine Portallösung für ein sehr agiles und dynamisches Unternehmen zu konzipieren. Der Anteil an User-Self-Service-Komponenten sollte dabei sehr hoch sein. Security und Vertraulichkeit von Information spielte eine sehr wichtige Rolle.

– Die Startseite von SharePoint Online dient als zentraler Einstiegspunkt für die Mitarbeiter. Dort werden auch redaktionelle Newsmeldungen etc. durch die Redakteure gepflegt.

– Ein zentraler Kalender zeigt und aggregiert alle Termine aus den Kalendern der Office 365 Groups Gruppen sowie die Termine der übergeordneten Unternehmensebene.

    ○ Termine werden in den Fachgruppen gepflegt.
    ○ Die zentrale Kalenderübersicht wird über den App Launcher -> Kalender erreicht.

– Die Anwender greifen über die Groups Übersichtsseite zu: https://outlook.office365.com/.../people/browsegroups

    ○ Diese ist auf der Startseite von SharePoint Online verlinkt.

– Auf der Groups Übersichtsseite sieht der Anwender alle Office 365 Groups Gruppen, in denen er Mitglied ist und kann direkt in den jeweiligen Bereich (Konversationen, Dateien, Mitglieder etc.) navigieren. Damit der jeweilige Benutzer nur die Office 365 Groups Gruppen sieht, in denen er Mitglied ist, werden die Gruppen als „Privat" und nicht als „Public" angelegt.

Personen-zentriertes Intranet/Inhalte, basierend auf Office Graph und Delve

Der Office Graph wurde schon mehrfach im Buch erwähnt. Er "lernt" von den Daten und Aktionen der Benutzer mit den Daten innerhalb von Office 365. Delve bietet eine Schnittstelle zum Office Graph, zur Suche und zur Analyse von aktuellen Daten innerhalb eines Office 365 Tenants.

Delve zeigt in Form eines Dashboards aktuelle Informationen an, ohne dass die Anwender selbst danach suchen müssen. Wichtig dabei ist, dass – wie etwa in SharePoint – nur jene Informationen angezeigt werden, auf die der Benutzer auch Zugriff hat.

Delve Skizze:

Delve bietet unterschiedliche Menüpunkte an. Per Default wird der „Home"-Feed angezeigt. Hier werden, basierend auf Machine Learning/ Algorithmen, Inhalte angezeigt, die vom System als interessant für den angemeldeten Benutzer bewertet wurden. All diese Feeds/Abfragen, gegen den zugrundeliegenden Office Graphen, können auch in die Landing Page des Intranets oder in die TeamSites etc. eingebunden werden.

Es ist möglich, auf Delve auch über mobile Endgeräte zuzugreifen. Der Benutzer hat damit die Möglichkeit, auch wenn er nicht an seinem Arbeitsplatz sitzt, aktuelle Trends und Neuigkeiten aus dem Intranet zu erfahren.

Skizzen

An dieser Stelle möchte ich meinem Kollegen Lars Natus für die Sketches in diesem Buch danken! Sie zeigen jeweils Designideen und schematische Darstellungen der beschriebenen Szenarien.

Landing Page:

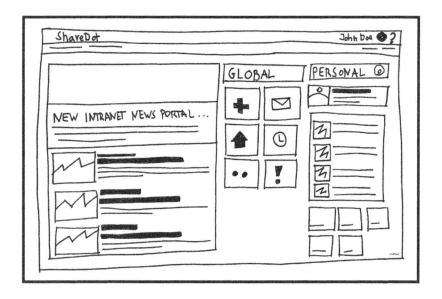

Im linken Bereich der Landing Page findet man die redaktionell bereitgestellten Inhalte. Diese sind für alle Benutzer gleich. Im mittleren Bereich, unter der Überschrift „GLOBAL", werden wichtige Links zu weiteren Subseiten und Anwendungen für alle Mitarbeiter angezeigt. Auch dieser Bereich ist für alle Anwender gleich. Den rechten Teil der Landing Page kann sich jeder Benutzer individuell konfigurieren. Die Kacheln im unteren Teil stehen exemplarisch für Apps, die aus dem unternehmenseigenen App Store geladen werden können. Die Seite ist somit eine gute Mischung aus redaktionell bereitgestellten News-Meldungen und Inhalten, bei denen der Anwender auch seine individuell für ihn wichtigen Aspekte unterbringen kann.

Kollaborationsseite/Team-Raum:

Diese Skizze zeigt den Entwurf für einen Team-Raum. Ziel ist es, einer Gruppe oder einem Projektteam einen Bereich für die Zusammenarbeit

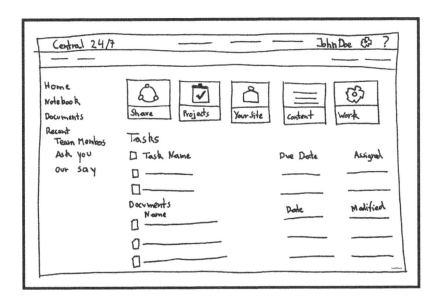

zur Verfügung zu stellen. In der linken Navigation werden ein gemeinsam genutztes OneNote sowie Links zur Dokumentenbibliothek und Informationen zu den Teammitgliedern angeboten. Zentral sieht der Benutzer eine Übersicht zu den aktuellen Aufgaben. Auch hier ist im oberen Bereich die Möglichkeit, Apps zu platzieren, vorgesehen.

/_layout/Wo sehen Sie sich in 5 Jahren?

So schnell, wie sich die Dinge im Technologiesektor heute entwickeln, ist es schwer, eine Prognose abzugeben, wo wir in 5 Jahren im Bereich Portale sein werden. Viele technologische und systemtechnische Ansätze, die jahrelang Anwendung gefunden haben, sind inzwischen überholt. Aber seien wir realistisch. Die E-Mail wird auch schon seit Jahren zu Grabe getragen und ist trotzdem immer noch das wichtigste und am häufigsten genutzte elektronische Kommunikationsmedium. Meine Kollegin Martina Grom hat vor einigen Monaten bei Facebook die Frage gepostet, was das am weitesten verbreitete Projektmanagementtool sei. Die Antwort hat sie direkt mitgeliefert: Outlook – und das Schlimmste daran ist, dass sie damit recht hat!

Wie sehr wir uns bei Prognosen im Kollaborationsbereich irren können, zeigt auch der Hype, der um das Thema Social-Intranets veranstaltet wurde und wird. Aus meiner Erfahrung hat sich dieser Ansatz nur sehr schwer bis gar nicht durchgesetzt. Das mag unter anderem auch daran liegen, dass der Begriff als solches recht unscharf definiert ist und jeder ein bisschen etwas anderes darunter versteht. Der Mehrwert dieser Methodik, der auf dem Papier schön aussieht, konnte nicht, zumindest nicht nachhaltig, in Unternehmen verankert werden. Viele sogenannte Social Intranets leben heute von den Inputs einiger weniger, die meist als Teil der Unternehmenskommunikation sowieso mit diesem Thema betraut sind. Verstehen Sie mich nicht falsch, die Idee an sich finde ich nicht schlecht, aber es gibt viele gute Ideen, die sich einfach nicht durchsetzen konnten und deswegen irgendwann wieder verschwanden. Die Gründe für dieses Scheitern sind sicherlich vielfältig. Einerseits war und ist die technische Implementierung in den einzelnen Lösungen nicht immer gut gelungen. Das betrifft übrigens nicht nur SharePoint. Andere Anbieter haben sich damit ähnlich schwer getan. Andererseits muss man sich eben auch fragen, ob das Problem nicht in der Idee bzw. der Umsetzung selbst lag. Ein grundlegendes Problem ist, dass das Belohnungszentrum so gut wie nicht angesprochen wird. Wir alle wollen gelobt werden, und ich bekomme kein Feedback, wenn ich Inhalte in SharePoint mit Tags versehe. Eine löbliche Ausnahme ist hier der „Like"-Button – er alleine kann die Situation auch nicht retten. Der Mehrwert für mich als einzelnen Anwender hält sich in der Regel eher in Grenzen, denn ich kenne meine eigenen und für mich wichtigen Inhalte – warum also Tags vergeben. Ein großes Problem, und aus meiner Sicht mit eine der Hauptursachen für das Scheitern, ist die Handhabung selbst. Um Social-Intranet Strukturen wie Tags, die „Like"-Funktionen, Keyword und Taxonomien etc. anzuwenden, muss der Anwender oft 4 bis 5 Mausklicks aufwenden (rechte Maustaste auf dem Item -> Kontextmenü -> Eigenschaften Bearbeiten -> usw.). Die Software Ergonomie lehrt uns, dass alles, was nicht mit einem oder zwei Mausklicks zu erledigen ist, ganz stark an Benutzerakzeptanz verliert.

Betrachten wir das Thema Social Intranet im globaleren, weniger im technischen Sinne, sieht es nicht viel anders aus. Die Ursache für das Scheitern liegt durchaus auch im Verhältnis der Mitarbeiter zu ihrem Unternehmen selbst. Wie weiter vorne im Buch erwähnt, haben über 60 % der Angestellten keine emotionale Bindung zu ihrem Arbeitgeber. Da interessiert es den Einzelnen dann gegebenenfalls schlichtweg nicht, was im Unternehmen passiert, bzw. ist es schwer, eine kritische Masse zu erreichen, die eine neue Idee gut findet und nach vorne bringt. Halte ich diese Tatsache für bedenklich? JA! Sind Intranet-Portale darauf eine Antwort? NEIN! Das ist das gleiche Thema, das wir bereits im Kapitel Changemanagement behandelt haben. IT kann nicht die Lösung für strukturelle Probleme im Unternehmen sein. IT kann aber sehr wohl ein Katalysator sein. Was z. B. als Teil des Social-Intranet-Hypes gut funktioniert hat, ist die IT-gestützte virale Kommunikation, basierend auf (News)Feeds oder z.b. dem Tool Yammer. Hier flogen in einigen Projekten oft richtig heftig die Fetzen. Themen wurden in Yammer Threads heiß diskutiert oder Diskussionen sind sogar eskaliert. Dort wo Unternehmen und Projektteams diesen Indikator ernst genommen haben und die Schuld nicht bei der Technologie gesucht wurde, konnte auch nachhaltig etwas verbessert werden. Dass in einem Thread eine Diskussion eskalierte, ist ja nicht die Schuld von z.b. dem Tool Yammer. Die Technologie war nur der Katalysator, der geholfen hat, das Problem an die Oberfläche zu bringen. Wenn man solche Indikatoren ernst nimmt und ihnen nicht damit begegnet, die virale Kommunikation in einem Portal wieder zu deaktivieren, können dadurch wertvolle Erkenntnisse gewonnen werden – und zwar sowohl das eigentlich diskutierte Thema betreffend, als auch bezüglich grundlegender, struktureller Aspekte im Unternehmen.

Der aktuelle Hype um Themen wie Industrie 4.0/Enterprise 4.0, also das Internet oder auch Intranet der Dinge und Machine Learning, hat aus meiner Sicht die Chance, sich durchzusetzen. Allein schon deswegen, weil auf den Anwender selbst kein Mehraufwand zukommt. Er muss sich nur zurücklehnen und die Informationen, die Machine Learning-Systeme, wie der Office Graph, für ihn aufbereiten, konsumieren. Genauso verhält es sich mit dem Internet der Dinge. Ich als Anwender muss nicht mehr nach Informationen suchen und sie mir proaktiv selbst beschaffen. Die „Dinge", wie z.b. die Produktionsmaschine, die ein Wartungsintervall erreicht hat, teilen mir das von selbst mit. Auch hier sehen wir wieder den Ansatz, dass die Information mich findet. Okay, Industrie 4.0/ Enterprise 4.0 geht weit über die Idee von Maschinen, die selbstständig mitteilen, dass sie ein Wartungsintervall erreicht haben, hinaus. Big Data, als ein Aspekt von Industrie 4.0/Enterprise 4.0, hat z.b. zum Ziel, aus großen Datenmengen, Korrelationen und die für mich und meine Arbeit relevanten Daten zu extrahieren und mir anzuliefern. Auch bei diesem Trend geht es also darum, dem Anwender kontextbezogen, relevante Informationen automatisiert zur Verfügung zu stellen.

Wenn es hier nun darum geht, eine Prognose zu wagen, komme ich zu dem Schluss, dass zukünftige Portallösungen immer mehr hin zu polyzentrischen Ansätzen wie ich sie im Kapitel „Polyzentrische, komplexe, adaptive Systeme" beschrieben habe, gehen werden. Solche Ansätze werden durch aktuelle und zukünftige Technologien wie Machine Learning und Features, wie z. B. Office Groups, realisierbar. Strukturen und Methoden werden dabei nicht hierarchisch fix vorgegeben, sondern es wird dem Einzelnen/ dem einzelnen Team überlassen, wie es arbeitet und funktioniert. Denn: Logik hat praktisch nichts damit zu tun, wie wir denken (frei nach David Mumford, der dies im Rahmen eines Vortrags auf dem ICM-Kongress am 21.08.2002 gesagt hat).

Das Erbe des Herrn Gates – Warum Microsoft

Microsoft hat die allerbesten Voraussetzungen, die Führungsrolle, die es bereits bei Kollaborationslösungen innehat, weiter auszubauen. Der Hauptgrund ist genau der gleiche, warum sich z. B. „Facebook for Work" als Konkurrenz zu Yammer oder im weitesten Sinne auch zu SharePoint und Office 365 sehr schwer tun wird. Daten, Menschen und Informationen sind die entscheidenden Elemente, um die sich alles dreht, wenn wir über Kollaborationslösungen und Portale sprechen. Obwohl Systeme mehr und mehr miteinander verschmelzen und wie im Kapitel „Swiss Army Knives" beschrieben, Integrationslösungen und systemübergreifende Microservices stark auf dem Vormarsch sind, liegen in vielen Unternehmen Daten und Informationen nach wie vor in Datensilos gefangen. Wenn man sich die prozentuale Verteilung der Daten innerhalb eines Unternehmens ansieht, so entfallen weit mehr als die Hälfte auf unstrukturierte Ablagen wie z.B. Fileserver, Public Folders oder Email Postfächer. Der Anteil an Daten aus ERP, DMS oder anderen strukturierten Systemen ist in aller Regel deutlich geringer.

Im Jahr 2008 wurde eine Umfrage bezüglich der in Unternehmen verwendeten Systeme und Lösungen durchgeführt. Das Ergebnis:

- Microsoft Systeme = 49,2 %
- Linux Systeme = 28,5 %
- Solaris = 7,6 %
- BSD = 6,3 %
- Andere = 9,4 %
-

Betriebssysteme (Server und Desktopsysteme):

- Microsoft = 28,5 %
- Linux = 24,4 %
- Sun = 17,7 %
- BSD = 15 %
- Andere = 14,4 %

Beschränkt man diese Statistik auf Desktops und Laptops, liegt der Microsoft Anteil bei über 90 %. Gänzlich anders sieht es bei den mobilen Endgeräten aus. Hier haben Apples IOS und Googles Android klar die Nase vorn. Zusammenfassend kann man also sagen, dass der überwiegende Teil an Daten und Informationen im Unternehmen auf Microsoft Systemen oder zumindest auf Systemen, die mittels Microsofts Tools wie Word, Excel oder eben Outlook genutzt werden können, liegen – und genau das ist auch der Grund, warum es Lösungen wie „Facebook for Work" schwer haben werden. Sie haben einfach keine Daten, die einer der Grundpfeiler von Kollaborationslösungen sind. Die Daten liegen in anderen Systemen. Alleine der Aufwand, Informationen und Inhalte aus diesen gewachsenen Datensilos zu migrieren, würde Unternehmen vor immense Herausforderungen stellen. Nehmen wir jetzt noch die Tatsache dazu, dass man Facebook und Co. im Kontext von Datenschutz und Datensicherheit sowieso eher kritisch sieht, so wird klar, warum ich bei dem Thema „Facebook for Work" so skeptisch bin.

Microsoft hat strategisch und vollkommen richtig entschieden, sich auf andere Plattformen zuzubewegen. Wer hätte noch vor einigen Jahren gedacht, dass „Office for Mac" oder die Outlook App für das iPhone bei Microsoft sehr hohe Priorität genießen. Microsoft stellt also ganz klar den

Businessnutzen in den Vordergrund und ist damit seinen Konkurrenten einen großen strategischen Schritt voraus. Auf Apple Geräten ist z.b. nach wie vor die native Verwendung von Adobe Flash etc. nicht vorgesehen.

Mal ganz abgesehen von den Produkten wie SharePoint, Exchange, Microsoft BI, Office 365 oder Yammer selbst, hat Microsoft die allerbesten Voraussetzungen, auch zukünftig führend im Bereich von Kollaborationslösungen zu sein - dass die Produkte super sind, steht natürlich sowieso außer Frage.

self-designing-portals – auch im Internet?

Kennen Sie die Webseite „If-This-Than-That" Es handelt sich dabei um einen Service, der genau das macht, was der Name vermuten lässt. Basierend auf Events aus unterschiedlichsten Systemen können Aktionen in anderen Systemen angestoßen werden. Schreibe ich z.b. einen neuen Beitrag auf meinem Blog, wird automatisch ein Post bei Twitter und bei Facebook erzeugt – und zwar in meinem Namen, also so, als hätte ich selbst diesen Post verfasst. „If-This-Than-That" bietet dabei von Hause aus Schnittstellen zu den gängigen Webplattformen aus den Bereichen Social Media und Business wie z.b. Sales Force u.Ä. und selbstverständlich generische Unterstützung für Webservices etc. an.

Basierend auf solchen Lösungen ist der Microservice-Gedanke natürlich auch im Internet möglich. Das Web wird also zusehends zusammenwachsen und interaktiver werden. Ob eine Information bei Facebook, aus einem Blog, einem RSS Feed oder von Google+ kommt, macht in Zukunft keinen Unterschied mehr. Ganz sicher muss man hier die Frage nach der Datenqualität stellen. Fest steht aber auch, dass sich dieser Trend der miteinander kommunizierenden und interagierenden Systeme nicht mehr aufhalten lässt. Die Frage ist also nicht, ob wir diese Entwicklung gut oder schlecht finden, sondern wie wir damit umgehen:

- Dass falsche und ungenaue Informationen fatale Folgen haben können und dass es nicht nur Schwarmintelligenz, sondern auch Schwarmunsinn gibt, haben uns z.b. Ereignisse wie der große Börsencrash von 1929 gezeigt.
- Dass sich komplexe dynamische Systeme selbst regulieren, haben wir dabei aber auch gelernt.

➥ **Also kein Grund zur Panik!**

Die Philosophie, dass sich Anwender ganz individuell der Services bedienen, die sie gerade brauchen, getreu dem Motto „Das Business findet einen Weg... und der User holt sich was er braucht", erfreut sich immer größerer Beliebtheit. Ein schönes Beispiel dafür sind Video-on-demand-Plattformen wie Netflix oder Amazon prime Video. Sie sind flexibel, nicht an Öffnungszeiten gebunden und müssen sich nicht mit beschränkter Verfügbarkeit oder gar unterschiedlichen Sprachversionen herumschlagen. Ihr Angebot ist weltweit und rund um die Uhr verfügbar. Der klassischen Videothek haben sie damit schon den Garaus gemacht. Das traditionelle Bezahlfernsehen ist als nächstes dran. Klar handelt es sich hier um ein Beispiel aus dem rein privat genutzten Sektor, der pay-as-you-use-Ansatz findet allerdings auch im Businessbereich immer stärkere Verbreitung. Car-Sharing ist hier ein gutes Stichwort – dieser Service wäre ohne webbasierte Dienste schlichtweg nicht vorstellbar.

Die Webseite The Grid (www.thegrid.io) ist Vorreiter für eine weitere, sehr interessante Entwicklung im Web. Das self-designing Portal. Abhängig von den Inhalten, den Farbmustern auf Bildern, den am häufigsten aufgerufenen Menüpunkten etc., passt sich die Webseite selbst an und verändert sich stetig. Dieser Ansatz geht sogar noch ein gutes Stück weiter als die Idee des self-designing Portals im Intranet-Kontext. Hier ging es ja darum, dass basierend auf frei konfigurierbaren Bereichen, individuell aggregierten und suggerierten Inhalten oder abhängig davon, welche Tools/ Apps Anwender nutzen, das Intranet-Portal für jeden Mitarbeiter anders aussieht. The Grid wirbt damit, ein Framework bereitzustellen, das quasi eine sich selbst anpassende Webseite erzeugt. Wenn das wirklich so funktioniert, dann ... Ja was dann? ... Ich hab mich mal als Founding Member registriert!

Visualisierung

Werfen wir nun noch einen Blick in eine Zukunft, die uns Microsoft mit der Veröffentlichung der Holo Lens ein gutes Stück näher gebracht hat. Die Idee dahinter ist, dass der Mensch komplexe Informationen visuell um ein Vielfaches schneller und besser verarbeiten kann, als wenn er sie erst lesen oder sich anhören muss. Beispiel: Sie fahren auf eine ampelgeregelte Kreuzung zu. Die Ampel springt auf Rot. Diese Information wird nahezu in Echtzeit erfasst und verarbeitet. Dieses einfache Beispiel aus dem Alltag zeigt die Mächtigkeit und das Potential visuell basierter Systeme. Im Jahr 2013 habe ich mit zwei Kollegen und meinem Bruder die BORUFA GmbH gegründet. Wir entwickeln und vertreiben eine Softwarelösung, um Content Management visuell, basierend auf vollsphärischen Bildern, 360 Grad Videos, Punktwolkendaten und anderen 3D Modellen, zu ermöglichen. Eine Information, wie z.B. ein Dokument, kann damit visuell, kontextbezogen abgelegt werden. Beispiel: Die Bedienungsanleitung für eine Maschine wird direkt an der Maschine im virtuellen Raum hinterlegt. Das Ganze hat so ein bisschen was von einem 3D-Spiel.

Informationen dort zu visualisieren, wo sie gerade gebraucht werden, wo sie Sinn machen oder in dem Kontext, in dem sie gerade benötigt werden, ist die generelle Idee hinter der Holo Lens. Die Trennung von Daten, deren Speicherort und wo sie visualisiert werden, erreicht damit den nächsten Level.

Ein Projekt des Fraunhofer Instituts hat sich vor einigen Jahren schon mit dem Thema der Visualisierung von Informationen beschäftigt. Bei einem Szenario ging es darum, das Alter von Informationen durch eine altertümliche Papyrusrolle darzustellen. Je vergilbter und zerfallener die Papyrusrolle war, desto älter war das Dokument. Die gleiche Idee liegt dem Ansatz zu Grunde, die Sprache eines Dokuments durch die Flagge des entsprechenden Landes darzustellen.

Die Ideen und Überlegungen sind also nicht neu. Die Möglichkeiten erblicken mit Tools wie der VCM-Solution (Visual Content Manager), der BORUFA GmbH (ein bisschen Eigenwerbung muss erlaubt sein, ist ja schließlich mein Buch) oder der Holo Lens von Microsoft aber gerade erst das Licht der Welt.

In diesem Sinne ...

... bleiben Sie neugierig!

Nicki Borell

/_layout/Wie sehen die Anderen das eigentlich?

Alexander Fischer
Global Manager IT bei SCA Schucker GmbH & Co. KG
Referent bei Management Circle für IT Strategiethemen wie bspw. SharePoint

Kennen Sie den Film „8 Blickwinkel" – englischer Titel Vantage Point - von Pete Travis mit Dennis Quaid? Wie man auch immer zu solchen Filmen aus den Staaten mit hohem Verherrlichungsfaktor steht, er vermittelt in eindrucksvoller Weise, dass die Wahrheit immer im Auge des Betrachters liegt.

Wie bekommen wir nun den Bogen zum Thema dieses Buches? Nicki Borell hat auf den letzten Seiten auf ebenso eindrucksvolle Weise unterschiedliche Facetten der IT-Zukunft beleuchtet und bewertet. Als ein Fazit aus der Rubrik der Binsenweisheiten kann man den Titel eines anderen Buches „Adapt or Die" von Claus Heinrich und Bob Betts – beide aus dem Hause SAP – anführen: Nur, wer die Bereitschaft in sich trägt, sich ständig selbst zu reflektieren und, basierend auf den Erkenntnissen, die erforderlichen Veränderungsprozesse anzustoßen, wird in der Zukunft noch eine Rolle spielen.

Ist doch einleuchtend, nicht wahr? Warum aber haben dann trotzdem die meisten Menschen und auch einen Großteil der Unternehmen ein Problem damit? Wenn Sie Beispiele mitten aus dem täglichen Leben suchen, dann schalten Sie an einem verregneten Brückentag zur Kaffeezeit RTLII ein und Sie wissen, was ich meine. Aus dem Blickwinkel von Unternehmen und der Wirtschaft im Allgemeinen betrachtet, fehlen in der Hall of Fame weder erfolgreiche Industrieunternehmen, renommierte Automobilhersteller oder bekannte Softwarehäuser. Die Liste können Sie beliebig erweitern. Allesamt hapert es bei der Adaption neuer Anforderungen.

Nicht wenige Mediatoren, Berater und Branchen verdienen mit dieser Beratungsresistenz viel Geld. Die Tagessätze erlauben den fleißigsten Kollegen dieser Gilde, in der Regel den Ruhestand auf Mallorca in der eigenen Finca zu verbringen. Wie gesagt, diese Situation ist nicht neu, allgegenwärtig und womöglich hat Ihre Geschäftsführung gerade einen Auftrag für ein Optimierungsprojekt an ein Beratungshaus vergeben.

So etwas geschieht, wenn man verlernt, miteinander zu reden. Was in den meisten Ehen als schleichender Prozess seinen Einzug hält, geschieht in gleicher Weise im Unternehmen. Zuhören und auf den verstandenen Inhalt zu antworten oder nachzufragen, ist anstrengender als reden. Und genau darum geht es, wenn wir morgen noch erfolgreich sein wollen: Miteinander reden und nicht übereinander. Wie sieht das in Ihrem Unternehmen, in Ihrer Abteilung, in Ihrem Team ... und bei Ihnen zu Hause aus?

Wir müssen miteinander kommunizieren, wenn wir die ständigen Veränderungen für uns nutzen wollen. Das geht nur im Team; wir benötigen Replikanten und Sponsoren. Verbindlichkeit erreichen Sie nur, wenn Sie Menschen in Entscheidungen einbinden und diese nicht nur einfach bekannt geben. Dies gilt insbesondere bei Veränderungsprozessen, denn diese nötigen den Betroffenen das Verlassen der eigenen Komfortzone ab. Ein Schritt in die Unsicherheit.

Ein meines Erachtens krasses Beispiel dieses Veränderungsprozesses findet derzeit in der Informationstechnologie, genauer im Bereich der Infrastruktur statt. SharePoint hat einen solchen Veränderungsprozess ausgelöst, mit dem die meisten Firmen – und damit stellvertretend die dort arbeitenden Mitarbeiterinnen und Mitarbeiter – nicht umgehen können. Portale wie SharePoint haben die Aufgaben, die Prozesse des Unternehmens effizienter zu gestalten und die Zusammenarbeit zwischen den Menschen zu unterstützen. Können Sie attestieren, dass dieses Ziel für Ihr Unternehmen erreicht wurde bzw. erreicht wird?

In den meisten Unternehmen wird SharePoint heute vom IT-Teilbereich Infrastruktur bereitgestellt und von der Softwareentwicklung programmiert. Welche Rolle spielt dabei die Geschäftsprozessberatung? In den meisten Unternehmen überlässt man diese essentielle Aufgabe den Abteilungen oder Beratern, welche von Abteilungen ins Haus zitiert werden. Wie sieht das bei Ihnen aus?

Wer SharePoint einsetzt, sollte jedoch zuallererst hier ansetzen: Welche Prozesse gibt es heute in meinem Unternehmen und welche Prozesse können mit SharePoint unterstützt werden? Ich bin seit der ersten SharePoint-Version mit dabei und berate auch heute hin und wieder Unternehmen, die sich mit der Einführung von SharePoint schwer tun. Das Problem ist immer wieder das Gleiche: was im SAP-Umfeld völlig selbstverständlich ist, spielt keine Rolle mehr, sobald Microsoft auf dem Label steht. Man fängt mal an, und wundert sich, dass SharePoint nach zwei, drei Jahren zum nächsten Waterloo der Ineffizienz im Unternehmen führt.

Damit einher geht die Veränderung der Rollen heutiger Administratoren. Sollten Sie zum Club der Active Directory oder Virtualisierungsspezialisten in Ihrem Unternehmen zählen, müssen Sie sich darüber im Klaren sein, dass es Ihre Rolle spätestens in einigen wenigen Jahren nicht mehr geben wird. Die Bereitstellung von IT-Technologie ist heute schon vielerorts ein zentraler Service, den globale Dienstleister in einer mehr und mehr globalen Welt weitaus wirtschaftlicher anbieten können. Damit bricht ein nicht unwesentliches Aufgabengebiet einer IT-Abteilung weg. Und damit auch ein Großteil der damit verbundenen Arbeitsplätze. Oder sind Sie bereit, sich zu verändern?

In erster Linie liegt das in der Verantwortung der IT-Abteilungsleitung. Die Aufgabe von IT-Führungskräften ist es, diesen Veränderungsprozess zu erkennen. Es ist zwingend erforderlich, mit den erforderlichen Konsequenzen umzugehen. Die Rolle von Administratoren ändert sich so nachhaltig wie sich die tektonischen Platten aufeinander zu bewegen. Sie müssen diesen Kolleginnen und Kollegen eine neue Perspektive geben und damit gegebenenfalls auch den Bereich der Infrastruktur neu definieren. Womöglich bedeutet das, dass die Rolle des Bereichs Informationstechnologie, dessen Aufbau- und Ablauforganisation komplett überarbeitet werden muss. Sind Sie bereit dazu?

IT Verantwortliche sind plötzlich mit ganz anderen Herausforderungen konfrontiert. Es geht gar nicht mehr in erster Linie um Technik, sondern um Menschen. Menschen, die mit vorhandenen Werkzeugen anderen Kollegen dabei helfen, ihren Job effizienter zu gestalten. Diese Mitarbeiterinnen und Mitarbeiter verfügen über ein enormes Wissen hinsichtlich der Zusammenarbeit von Abteilungen und Standorten. Nutzen Sie dieses Wissen bei der Implementierung von Lösungen wie SharePoint und Ihr Unternehmen wird in vielerlei Hinsicht effizient.

SAP wirbt seit Jahren mit dem Slogan, dass die erfolgreichsten Unternehmen dieser Welt ihr Business mit SAP-Anwendungen betreiben. Diese Unternehmen sind jedoch nicht erfolgreich, weil Sie SAP einsetzen, sondern weil ihnen SAP dabei hilft, den Werfluss ohne Medienbruch in den verschiedenen Unternehmensbereichen darzustellen und mit weiteren Informationen anzureichern. SAP löst keine Probleme, es macht vorhandene nur transparent. Gleiches geschieht mit anderen Plattformen zur Zusammenarbeit wie eben SharePoint: die Betrachtungsweise aller beteiligten Protagonisten muss sich verändern, damit SharePoint den Verlauf von Geschäftsprozessen optimaler gestalten kann. Erweitern Sie Ihren Horizont und fordern Sie Ihre Umgebung zum Umdenken auf und vor allen Dingen: Reden Sie miteinander. Womöglich sind acht Blickwinkel in einem Unternehmen noch zu wenig.

Axel Oppermann
IT- Analyst bei Avispador
www.avispador.de | www.axeloppermann.de | @axelopp

Die Zukunft für Portallösungen liegt in den Bereichen Cross Enterprise Collaboration und integrierten Business Networks.

Diese – im optimalen Falle – intelligenten bzw. mit Intelligenzmechanismen versehenen Geschäftsnetzwerke werden in der Lage sein, für die Netzwerkteilnehmer, also Menschen, im eigenen und in verbundenen Unternehmen, Maschinen, Geräten und Gegenständen, Entscheidungen zu treffen. Ziel ist es für das Unternehmen, den einzelnen Menschen und der Gesellschaft einen enormen Mehrwert zu bieten. Hierdurch können sich Mitarbeiter, egal in welcher Rolle oder Position, auf das Wesentliche konzentrieren. Durch die Vernetzung von Menschen mit Maschinen, Maschinen mit Maschinen sowie Maschinen mit Maschinen und Menschen, wird die Leistungsfähigkeit nachhaltig gesteigert.

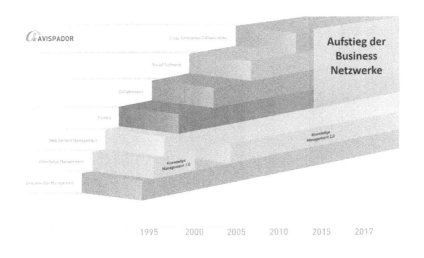

Die Portale der Zukunft werden als Grundpfeiler der Business Networks der kommenden Generation einzelne Unternehmen mit der ganzen Welt und die ganze Welt mit dem einzelnen Unternehmen verbinden. Durch die Verknüpfung der einzelnen Portale – der einzelnen Netzwerke – entsteht durch nahtlose und integrierte Prozesse, automatisierte Entscheidungsfindungen für „banale" Aufgaben und die permanente Verfügbarkeit für Unternehmen und den einzelnen Mitarbeiter ein Nutzen, der die Wettbewerbsfähigkeit gegenüber neuen, alten und trägen sowie zukünftigen Marktteilnehmern sichert. Dass diese Portale in einer ganzheitlichen Strategie organisiert sein werden und auf die elementaren Komponenten „Mobilität" und „Flexibilität" setzen, ist selbstredend. Dabei werden immer mehr Mitarbeiter in unterschiedlichen Rollen bedarfsgerecht auf die Lösungen zugreifen.

Ein Beispiel:

Ein mittelständischer Maschinenbauer stattet seine ausgelieferten Maschinen mit Sensoren aus, welche die Leistung überwachen und an eine zentrale Plattform angebunden sind. Ist eine Wartung notwendig oder müssen Teile erneuert werden, informiert das System den Betreiber und den Hersteller der Maschine, bestellt etwaig benötigte Teile und plant den optimierten Zeitpunkt für die Wartung. In einem nächsten Schritt „findet" bzw. „definiert" ein weiteres Portal – ein externes Netzwerk – die für die Reparatur benötigten Ressourcen und stellt ein Team zusammen. Eine weitere unabhängige – aber vollständig integrierte – Komponente des Business Networks organisiert die Reise für die Monteure und wickelt die Spesenabrechnung ab. Die Monteure geben über eine App die erforderlichen Daten für die Leistungserbringung ein, welche an das ERP-System weitergeleitet und verarbeitet werden und wiederum einen automatisierten Prozess anstoßen.

Damit diese Geschäftsnetzwerke für Unternehmen einen Mehrwert bieten können, bedarf es neben der Etablierung eines Wertekonsens und einer unternehmerischen digitalen Leitkultur vor allen Dingen drei Arten von strategischer Planung und Management.

1. Informationsmanagement: Informationen müssen innerhalb des Unternehmens frei zugänglich sein; Wissen muss geteilt werden. Die Aufgabe der Mitarbeiter besteht zunehmend darin, diese bereitgestellten Informationen adäquat zu verwalten, d. h. zu suchen, zu finden und zu bewerten – begleitet durch automatisierte Prozesse für diese Aufgaben.

2. Identitätsmanagement: Der Mitarbeiter – der Anwender – muss sich künftig Profile schaffen und seine Kompetenzen in angemessener Form präsentieren. Gleiches gilt für Maschinen und Gegenstände.

3. Beziehungsmanagement: Die Rolle von formalen als auch informellen Gruppen, die nicht offiziell aufgezeichnet sind, muss genauso abgebildet werden, wie die Beziehungen zwischen Menschen und Maschinen, Maschinen und Maschinen (und Menschen).

Kurzum: Portale verbinden auch zukünftig Menschen mit anderen Menschen, mit Daten, Informationen und Wissen. Jedoch werden zukünftig noch stärker physische Dinge und Maschinen auf eine effiziente und intelligente Weise mit Menschen vernetzt. In dieser durch „Portale" und (Business-)Netzwerke veränderten und geprägten Welt ändert sich die Art, wie Menschen konsumieren, Kontakte knüpfen, agieren und interagieren und letztlich auch, wie wir denken, leben und in einer Gesellschaft miteinander „funktionieren".

Wenn wir wollen, dass die Vorteile, die uns solche Netzwerke – solche Portale – bieten, überwiegen, und es nicht zu einer Entfremdung unserer Gesellschaft oder Wertegemeinschaft kommt, müssen wir jetzt die Rahmenparameter neu definieren. Entwickler, Hersteller und Berater sind aufgefordert, nicht das technisch Machbare umzusetzen, sondern ihren moralischen Kompass einzuorden und nachhaltig zu handeln.

Toni Pohl

MVP Windows Platform Development, Wien
http://blog.atwork.at | @atwork

In unserer modernen Arbeitswelt werden wir von Apps und Lösungen förmlich überschwemmt. Das Angebot ist riesig und es besteht die Gefahr, im Unternehmen wie auch als einzelner Anwender, viele Informations-Silos zu erschaffen, wo man erst recht wieder überlegen muss, wo die gesuchten Daten letztlich abgelegt sind.

Auch ich selbst ertappe mich ständig dabei, zu überlegen, wo ich welche Informationen ablege. Es gibt so viele Möglichkeiten und Speicherorte. Was mir und meinem Unternehmen definitiv hilft, ist unser gemeinsames Intranet-Portal in SharePoint Online. Seitdem wir unsere gemeinsamen Dokumente hier ablegen, ist es klar, dass diese zentral hier zu finden sind. Auch alle „Meta-Daten", also Kundeninformationen, interne Dokumente und Beschreibungen usw. werden hier gespeichert.

In der Realität reichen diese Daten jedoch nicht immer aus. Oft teilen sich Projekte und Projektbegleitung auf mehrere Orte und Systeme auf, etwa für Grafiken, Photoshop-Dateien, Datenbanken, Videos bis hin zur Zeiterfassung. Gerade im Entwicklungsprozess, wo es viele verschiedene Iterationen und viele Versionen derselben Daten gibt, werden Daten heutzutage meist unterschiedlich abgelegt.

Aus dieser Erfahrung heraus, glaube ich, dass zukünftige Portale und IT-Lösungen sehr wohl immer wichtiger werden, wenn sie die Fähigkeit haben, auch andere Bereiche, Systeme und Speicherorte zu durchsuchen und zu integrieren. Dies ist in vielen Lösungen bereits heute der Fall und wird aus meiner Sicht immer essentieller. Als Anwender will man sich nicht darum kümmern müssen, wo Daten tatsächlich gespeichert sind, sondern vielmehr, dass sie leicht und rasch gefunden werden. Hybrid-Lösungen und automatische Indizierung bieten Unternehmen die erforderliche Integration. Ich vermute, dieser Weg wird in Zukunft immer mehr genutzt werden.

Eine weitere Hilfe werden Graph-Technologien liefern, die zuletzt bearbeitete Dokumente und Informationen für den Anwender und seine Kollegen und sein Arbeitsumfeld über Trigger oder Agents automatisch ermitteln und bereitstellen. Aktuelle Daten werden so griffbereit ohne eigene Suche präsentiert und sind sofort abrufbar.

Ein wesentlicher Aspekt einer Next Generation Portal-Lösung ist für mich auch die Verfügbarkeit der Daten. Mit Cloud-Lösungen ist es nicht mehr erforderlich, sich selbst um den Betrieb und Backup zu kümmern. Die Cloud bietet Elastizität, Verfügbarkeit, Kostentransparenz und weitere Vorteile. Die Nutzung solcher standardisierten Dienste stellt eine enorme Verbesserung für Anwender und Unternehmen dar.

Auch wenn es für Organisationen für die Nutzung von Cloud-Services manchmal rechtliche Hürden gibt, sollte eines immer klar sein: Jedes Unternehmen bestimmt selbst, welche Daten in der Cloud gespeichert werden und welche Daten verschlüsselt werden. Die rechtlichen und technischen Voraussetzungen dafür sind bereits vorhanden. Die Dienste müssen nur genutzt werden und oft unterstützen Hybrid-Lösungen oder das Auslagern bestimmter Bereiche in die Cloud eine Steigerung der Effizienz.

Ich persönlich glaube, dass die Verbindung von Portalen mit anderen Systemen und die Graph-Technologie unsere zukünftige Arbeitsweise vereinfachen werden. Gleich welche Lösung oder welche Produkte verwendet werden, die Zukunft in der Informationstechnologie wird über Services (aus der Cloud oder dem Unternehmens-Datacenter) erfolgen. Der Zugriff darauf wird über Browser und mobile Geräte erfolgen und uns immer dann begleiten, wenn wir Daten abrufen wollen.

Ich finde die Idee von Nicki, ein Buch über „NGP" (Next Generation Portal) zu schreiben sehr gut und aktuell, schließlich beeinflusst Information unsere strategischen Entscheidungen und letztlich die Art und Weise, wie wir Probleme lösen. Ich denke, dieses Werk informiert und trägt dazu bei, „Next Generation Portals" aus einem erweiterten Aspekt zu betrachten und es hilft Anwendern, IT-Leitern und Entscheidern, ihre Informationsstrukturen entsprechend zu gestalten und zu verwenden.

Samuel Zürcher, SharePoint MVP Schweiz
http://sharepointszu.com | @sharepointszu

Als Nicki Borell mir sagte, dass er ein Buch schreibt und mich fragte, ob ich mitmachen will, dachte ich: „Super, endlich kann ich mal an ein Buch contributen". Das Thema, wie in Zukunft (Intranet)Portale aussehen werden, tönt im ersten Moment trivial. Als Erstes kommen einem die neuen Visionen von Microsoft mit SharePoint Online in Verbindung von DELVE in den Sinn. Doch je mehr ich mir darüber Gedanken gemacht habe, desto vielschichtiger wurde das Thema. Am Ende hatte ich so viel im Kopf, dass es wohl für ein eigenes Buch reichen würde. Ich versuche nun, meine Gedanken in ein paar Abschnitte einzudampfen.

Die Frage nach dem Informationsportal der Zukunft ist etwas vielschichtiger als auf den ersten Blick anzunehmen ist.

Schicht 1 – Endbenutzer-Akzeptanz

Wie Portale aussehen werden ist keine ausschliessliche Definitionsfrage, sondern orientiert sich auch stark am Endbenutzer. Wir können unseren Benutzern noch so tolle unheimlich ausgeklügelte und auf dem neusten Stand der Technik basierende Systeme vorsetzen, Erfolg oder Misserfolg hängt schlussendlich davon ab, ob die grosse Masse der Endbenutzer gemeinsam findet, dass dies ihnen etwas bringt bzw. zumindest genügend brauchbar ist. Wird hier die kritische Masse erreicht, so zeigt sich der Erfolg einer neuen Technik oder Art wie wir in Zukunft Informationen konsumieren wollen.

Es gab schon früher Ansätze von Cloud Software, mit welcher sich KMUs eigene Server hätten sparen können. Der Gedanke, seine Daten nicht im

Keller zu haben beschwörte aber so viele Horrorszenarien in den Köpfen der Benutzer, dass die Firma pleite ging. Man beachte, wie noch heute, in Zeiten in denen wir Cloud-Angebote im täglichen Leben teils sogar kopflos nutzen, sich viele Unternehmen nach wie vor schwer tun, ihre Daten im „überall und nirgendwo" abzulegen. Und das aus der Angst, Dritte könnten sich Zugang beschaffen, ungeachtet dessen, dass ihr eigenes Netzwerk löchriger ist als ein Schweizer Käse.

Schicht 2 – Demographie und Egozentrismus

Man will es wahrhaben oder nicht, auch Non-Millenials arbeiten nach wie vor in unseren Unternehmen. Und auch wenn bald viele Baby Boomers pensioniert werden, sind immer noch 50 % der Angestellten nicht mit Facebook aufgewachsen. Änderungen sind schwer durchsetzbar und der Mensch ist ein Gewohnheitstier. Auch ist in den nächsten Jahren die Führungsebene immer noch eine ältere Generation, die schon technikaffin sein muss, um auf die neuen Trends aufzusteigen. Und bis der Druck der Basis groß genug sein wird, um die neuen Wege der Arbeit oder der Darstellung von Informationen und deren Relationen einzuführen, könnte noch einige Zeit dauern.

Vom Gärtchendenken zum Weltbürger ist doch gerade ein etwas großer Schritt. Die „drei-zwei-eins –meins"- und „Geiz ist Geil"-Mentalität ist ungebrochen und oft sitzen wir lieber auf unseren Informationen, als dass wir diese frei auf den Markt schmeißen würden. Nicht einmal in der eigenen Firma werden Daten und Informationen gerne geteilt. Wissen ist Macht, also ist geteiltes Wissen auch geteilte Macht. Zwar hat schon Cäsar erkannt, dass Teilen und Herrschen die bessere Alternative sind als auf allem sitzen zu wollen, doch braucht es dafür ein Vorausdenken, das nicht jedermanns Sache ist. Sind wir es doch gewohnt, das Wasser vor allem auf unsere eigenen Mühlen laufen zu lassen.

Bevor wir hier nicht viel solidarischer werden und das Gemeinwohl sowie den gemeinsamen Fortschritt mindestens auf dieselbe Ebene wie das persönliche Fortkommen stellen, werden uns auch keine neuen Portale weiterhelfen. Eine Kultur des Miteinanders, des Zusammen-am-selben-Strang-ziehens und der Lesson Learned-Mentalität kommt vor neuen Techniken.

Schicht 3 – Technische Möglichkeiten

Es war uns schon lange klar, dass man bessere Ergebnisse im Wissensmanagement erhält, wenn man nicht nur Informationen, sondern auch Interaktionen miteinander in Relation stellt. Das Semantische Web ist schon lange in Diskussion, doch war es bisher schwierig, dies technisch wirklich nachhaltig umzusetzen. In einem Cloud-Umfeld, wo die Rechenpower schier ins Unendliche geht und zusätzlich diverse Plattformen einheitlich betrachtet werden, kommen wir den Möglichkeiten einer gesamtheitlichen Auswertung aller Aktionen und Relationen viel näher. Wenn Mail, Dokumente, Konversationen und vieles mehr zur Hand gezogen werden können, um Struktur in ein Chaos vieler einzelner Informationsträger zu bringen, so ist es nur eine Frage der Zeit, wann uns diese Beziehungen von Informationen bessere und relevantere Ergebnisse liefern werden.

Fazit

Nun aber zurück zur eigentlichen Frage: Wie werden denn nun die Informationsportale der Zukunft aussehen? Die Ansätze des Machine Learning sind hier bestimmt wegweisend. Ob eine Darstellung wie bei DELVE sich durchsetzen wird, da bin ich skeptisch. Ich glaube, dass wir hier erst am Anfang stehen. Bestimmt hat das alt hergebrachte Intranet ausgedient. Die hundertfach verschachtelten Navigationsstrukturen, in welchen man versuchte, möglichst viele Informationen weiterzugeben, haben versagt. Meist findet man nicht einmal die wichtigsten Formulare oder Neuigkeiten. Meine Arbeit, die von mir gelesenen Infos und meine Konversationen werden in Zukunft dafür maßgeblich sein, welche Daten mir in einem Intranet präsentiert werden. Auch Dinge, welche allgemein ein großes Interesse genießen, wie das Urlaubs-Antrags-Formular oder ähnliches, können einfach und auf verschiedenste Arten gefunden werden. Langsam aber sicher sollte der Weg auch von diesen Formularen wegführen, hin zu intelligenter Datenerfassung, denn das leintuchgroße Formular sollte genauso abgeschafft werden.

Das Portal der Zukunft weiß, wer ich bin, was ich für Interessen habe, mit welchen Themen ich gerade arbeite und wo ich allenfalls, gestützt auf meine Suchabfragen, Hilfe benötige. Es wird mir Vorschläge unterbreiten und doch teilweise von mir konfigurierbar sein mit Dingen, die mir wichtig sind. Es wird die Gesamtheit meines digitalen, geschäftlichen Lebens kennen und über selbstlernende Algorithmen immer besser darin werden, mir die Arbeit zu erleichtern. Am Ende ist das Portal mein persönlicher Assistent für meine täglichen Aufgaben.

Ob all dies ein Traum bleibt und ob sich der Persönlichkeitsschutz gegen eine so umfassende personalisierte Datenerfassung und Auswertung stellen wird oder ob wir dereinst einmal erkennen, dass wer nichts zu verbergen hat auch keine Angst haben muss, wird sich zeigen. Der Mensch ist für das Web transparent, also warum auch nicht für das Portal der Zukunft?

Simone Bach & Dr. Michael Rath

Luther Rechtsanwaltsgesellschaft mbH, Köln
Dr. Michael Rath, Rechtsanwalt und Fachanwalt für IT-Recht, Partner
Simone Bach, LL.M., Rechtsanwältin

Cloud Computing und Datenschutzrecht

Cloud-Lösungen bieten für Unternehmen großes wirtschaftliches Potential. Sofern personenbezogene Daten (bspw. Mitarbeiter- oder Kundendaten) in die Cloud eingestellt werden sollen, sind jedoch zwingende datenschutzrechtliche Vorgaben zu beachten. Diese gesetzlichen Vorgaben sind umso schärfer, je „riskanter" die im Einzelfall beabsichtigte Nutzung der Cloud für die Privatsphäreinteressen der hiervon betroffenen Personen ist. Aus diesem Grund bestehen besonders strenge Anforderungen, wenn die Cloud dem so genannten „Follow the Sun-Prinzip" folgt sowie im Falle der Einstellung besonders sensibler Daten bzw. besonderer Arten personenbezogener Daten. Gleichwohl kann die Nutzung von Clouds datenschutzrechtlich zulässig ausgestaltet werden. Welche Voraussetzungen hierbei beachtet werden müssen, soll im Folgenden überblicksmäßig dargestellt werden.

Ausgangspunkt ist der Grundsatz, dass jeder Umgang mit personenbezogenen Daten, und so auch die Übermittlung von personenbezogenen Daten an einen Cloud-Provider, verboten ist, sofern nicht eine besondere Legitimationsgrundlage vorliegt, sogenanntes „Verbot mit Erlaubnisvorbehalt". Eine solche Legitimationsgrundlage kann sich direkt aus dem Gesetz ergeben, auf einer Einwilligung der betroffenen Person beruhen oder in dem Abschluss eines sog. Auftragsdatenverarbeitungsvertrags („ADV-Vertrag") bestehen. Im Rahmen der Auslagerung von personenbezogenen Daten in die Cloud ist in erster Linie der Abschluss eines ADV-Vertrags mit dem Cloud-Provider relevant. Dieser Vertrag muss schriftlich geschlossen werden und einen gewissen Mindestinhalt aufweisen, der sich aus dem 10-Punkte-Katolg in § 11 Abs. 2 des Bundesdatenschutzgesetzes („BDSG") ergibt.

Zu beachten ist jedoch, dass der Abschluss eines ADV-Vertrags die Datenübermittlung an einen Cloud-Provider nach deutschem Datenschutzrecht nur dann legitimieren kann, wenn der Cloud-Provider seinen Sitz innerhalb der EU/des EWR hat. Befindet er sich im außereuropäischen Ausland („Drittland"), bedarf die Datenübermittlung an den Cloud-Provider nach deutschem Recht zusätzlich zu dem Abschluss eines ADV-Vertrags auf „erster Stufe" einer weiteren Legitimation auf „zweiter Stufe". Die Legitimation auf der zweiten Stufe kann ebenfalls auf verschiedene Art und Weise erfolgen. Insbesondere kann sich die Legitimation daraus ergeben, dass die EU-Kommission das in dem Drittland geltende Datenschutzrecht als angemessen, d.h. als mit europäischen Standards vergleichbar anerkannt hat. Zudem besteht bei einer Datenübermittlung an einen Cloud-Provider

in den USA die Möglichkeit, dass der Cloud-Provider durch eine Selbstzertifizierung dem sogenannten Safe-Harbor-Abkommen beitritt und sich
hiermit freiwillig verpflichtet, die europäischen Datenschutzstandards ein-
zuhalten. Da jedoch die europäischen Datenschutzaufsichtsbehörden in
Folge der Snowden-Enthüllungen nicht mehr auf die Selbstzertifizierung
nach Safe-Harbor vertrauen, empfiehlt sich stattdessen der Abschlusses der
sogenannten Standardvertragsklauseln („SCCs") mit dem Cloud-Provider.
Bei den SCCs handelt es sich um einen von der EU-Kommission vorfor-
mulierten Vertrag für die Datenübermittlung durch einen europäischen
Auftraggeber an einen außereuropäischen Auftragnehmer. Werden diese
SCCs unverändert übernommen, gilt die Datenübermittlung ins Drittland
als datenschutzrechtlich legitimiert.

Diese Anforderungen an einen internationalen Datentransfer gelten im Übrigen auch dann, wenn zwar nicht der Cloud-Provider selbst, aber ein von
ihm eingesetzter Unterauftragnehmer seinen Sitz im außereuropäischen
Ausland hat. In diesem Fall reicht es nicht aus, dass der Cloud-Provider
die Pflichten des mit dem Cloud-Kunden geschlossenen ADV-Vertrags an
seinen Unterauftragnehmer durchreicht, sondern der Cloud-Kunde muss
zusätzlich sicherstellen, dass die Übermittlung der Daten an den im Drittland ansässigen Unterauftragnehmer auf zweiter Stufe datenschutzrechtlich legitimiert ist.

Auch bei Beachtung der oben genannten Anforderungen an die Übermittlung personenbezogener Daten an einen Cloud-Provider stellt sich die
weitergehende Frage, welche Daten in die Cloud eingestellt werden dürfen.
Dies ist deshalb relevant, weil das BDSG an die Zulässigkeit der Verarbeitung besonderer Arten personenbezogener Daten (bspw. Gesundheitsdaten)
noch strengere und nahezu unüberwindbare Anforderungen stellt. Auf
Grundlage deutschen Rechts wird es daher nicht möglich sein, eine Übermittlung besonderer Arten personenbezogener Daten an den Cloud-Provider allein durch Abschluss der o.g. Verträge zu legitimieren. Erstaunlich
ist, dass die europäische Datenschutzrichtlinie, auf der das BDSG beruht,
an die Legitimation der Verarbeitung besonderer Arten personenbezoge-

ner Daten keine strengeren Anforderungen stellt, als an die Verarbeitung sonstiger personenbezogener Daten. Ebenso unbekannt ist dem europäischen Recht die Beschränkung der Auftragsdatenverarbeitung auf den EU/EWR-Raum. Der deutsche Gesetzgeber hat die europäische Datenschutzrichtlinie insofern „überschießend" umgesetzt. Der EuGH (C-468/10 und C-469/10) und der BGH (1 StR 32/13) haben zwar unter Berufung auf die vollharmonisierende Wirkung der europäischen Datenschutzrichtlinie entschieden, dass eine überschießende Umsetzung europarechtswidrig und damit nicht ist. Da jedoch deutsche Datenschutzaufsichtsbehörden trotz dieser Rechtsprechung an den Vorgaben des BDSG festhalten und hieran ihre Prüfung ausrichten, besteht ein nicht unbeachtliches Haftungsrisiko für Unternehmen, die besondere Arten personenbezogener Daten in die Cloud auslagern. Ob eine solche Übermittlung besonderer Arten personenbezogener Daten jedenfalls bei Verschlüsselung der Daten möglich wäre, wird unterschiedlich beurteilt. Dies hängt mit der umstrittenen Frage zusammen, ob bzw. unter welchen Voraussetzungen eine Anonymisierung oder Pseudonymisierung von Daten den Personenbezug entfallen lässt.

Im Übrigen sollte bei der Inanspruchnahme von Cloud-Diensten auch beachtet werden, dass sich besondere Vertraulichkeitspflichten im Hinblick auf andere (nicht notwendig personenbezogene) Daten ergeben können. Dies betrifft insbesondere Daten nach § 203 StGB oder Daten, die einer vertraglichen Vertraulichkeitsvereinbarung unterfallen. Ob die Übermittlung solcher Daten an einen Cloud-Provider durch Abschluss der o.g. Verträge legitimiert werden kann, wird ebenfalls nicht einheitlich beurteilt, sodass sich auch hieraus nicht unerhebliche Haftungs- und sogar Strafbarkeitsrisiken ergeben können.

Zusammenfassend ist festzustellen, dass im Rahmen einer unternehmerischen Entscheidung betreffend die Inanspruchnahme von Cloud-Diensten auch datenschutzrechtliche Erwägungen eine Rolle spielen sollten und der Cloud-Kunde als datenschutzrechtlich verantwortliche Stelle sicherstellen muss, dass die gesetzlichen Vorgaben beachtet werden.

Dr. Claudia Eichler-Liebenow

Social Business Consultant, T-Systems Multimedia Solutions GmbH
https://de.linkedin.com/in/eichlerliebenow | *@ceittwitt*

Als Nicki mir schon vor einer ganzen Weile von seinen Buchplänen erzählte, war ich sehr gespannt, welche Thematik er wählt und womit er es füllen will. Nun, nach dem ersten Einblick, bleibt für mich die Frage spannend: Welche Gültigkeit behalten die bisherigen Betrachtungen von uns Intranet-Beratern, wenn die Zukunft in den Next Generation Portals läge?

Der größte Vorteil aus meiner Sicht, ist die schnelle Verfügbarkeit – keine komplexen Pflichtenhefte mit individuellen Anforderungen, sondern schnelles Starten mit einem Standard-Service, der dann gegebenenfalls nach ersten gesammelten Erfahrungen in späteren Phasen noch angepasst wird. Die Bedeutung von Integrationen und suchbasierten Aggregationen von Informationen hat Nicki bereits dargestellt (übrigens würde dies auch viele bestehende Portale deutlich aufwerten).

Der Ansatz, viele fertige Services und Komponenten einfach zur Verfügung zu haben, wäre ja genau das, was aktive Anwender wollen. Aber will das auch die IT und die Unternehmensteuerung? Vermutlich ja, denn alles was Effektivität des Informationsaustausches und somit der Arbeit verbessert, liegt im Interesse des Unternehmens. Oft will jedoch die IT nicht die Hoheit über die Verwaltung aus der Hand geben, denn sie trägt zumeist die Verantwortung über die Einhaltung von Datenschutzvorgaben, Sicherheit sowie den Schutz vor Betriebsausfällen und Datenverlusten. Wie wird hier der Überblick behalten, was wer wofür nutzt und wie finden sich die Nutzer in den vielen Möglichkeiten zurecht? Woher wissen andere Nutzer, mit welchen Services die Kollegen arbeiten? Wie erfolgt das Monitoring, ob die gebuchten Services von den Nutzern überhaupt verwendet oder noch benötigt werden?

Alles Punkte, die geklärt werden können, wenn bestehende Prozesse zur Bereitstellung und Betrieb von IT-Anwendungen vieler Unternehmen entsprechend neu definiert werden. Ganz unbekannt ist solch eine Situation nicht: Früher wurde der größte Teil der Unternehmensanwendungen als Individualentwicklungen konzipiert und umgesetzt. Längst sind nun umfangreiche Software-Suiten und -frameworks im Einsatz. Die IT musste diese kennenlernen und verstehen. Updates und Release-Zyklen der Hersteller wurden zu Elementen der IT-Strategie. Die neue Facette bei Nutzung von Online-Services aus Sicht der IT ist das Abgeben von Kontrolle über die Basis-Services und der Notwendigkeit des Vertrauens in die Service-Provider. Ähnlich, wie niemand mehr sein Geld in Säcken zu Hause im Tresor hortet, sondern einer Bank anvertraut oder das Internet-Kabel zwischen einem Standort und dem anderen nicht selbst verlegt, sondern diesen Service bucht, so wird auch das Buchen von fertigen Portal-Services zur Selbstverständlichkeit werden. Ist also das primäre Thema des Vertrauensaufbaus in den Service-Provider geklärt, gilt es für die IT, insbesondere Wissen rund um die Verwaltung und Integration der Online-Services aufzubauen und sich zunächst im Dschungel der Informationen in dem einen oder anderen Portal der Hersteller zurechtzufinden …

Ein viel stärkeres Augenmerk ist jedoch zukünftig auf die Beratung von Anwendergruppen und eine intensive Kommunikationsbegleitung mit und nach der Bereitstellung einzelner Services zu legen. Dies kann insbesondere durch Nutzung „sozialer" Features zur Interaktion durch Posts, Kommentare und Empfehlungen erfolgen. Auch wenn das einst gehypte Thema „Enterprise Social" ernüchternde Bilanz über den bisherigen Erfolg zieht (siehe z.B. „Der Enterprise 2.0 Irrtum", F. Wolf et. all, 2014, http:// besser20.de/der-enterprise-2-0-irrtum), wird es weiterhin Einzug in unterschiedlichster Ausprägung in die Unternehmen und Organisation nehmen. Gescheitert ist lediglich die Vorstellung, dass der Weg zu einer Etablierung von sozialen Arbeitsplattformen in Unternehmen ein leichter ist und die Bereitstellung und Verfügbarkeit entsprechender Tools den Ausbau zum Selbstläufer macht. Im Unternehmenskontext läuft dies anders als im privaten Umfeld ab. Daher aus Erfahrung: Weniger ist oft mehr! Und natürlich auch Geduld. Der selbstverständliche Umgang mit neuen Medien etabliert sich erst über einen längeren Zeitraum (mehrere Jahre!). Den Nutzern sollten nicht zu viele Änderungen auf einmal zugemutet werden. Mit einer Einführung einer neuen Toollandschaft, wie z.b. der Arbeit mit Teamräumen in Microsoft SharePoint verbunden mit einer neuen Office-Version, ist bereits ein umfassender Change zu begleiten. Mit einzelnen Interaktionsmöglichkeiten, wie z.b. eine Hilfe-Community, wo offen Fragen gestellt und besonders pfiffige Nutzer anderen Nutzern helfen können, wird an den Umgang mit einer Mitmachplattform herangeführt. Schritt für Schritt sollten so die neuen Möglichkeiten aufgezeigt werden. Dann hat das Change Management sowohl bezüglich der Einführung neuer Tools als auch für den Wandel zur offenen und transparenten Kommunikation im Unternehmen eine Chance.

Fazit: Microsoft hat mit dem Ansatz der Next Generation Portals eine Vision, wie auf die Veränderungen in der Arbeitswelt flexibel reagiert werden kann. Bis zur stabilen und barrierefreien Nutzung für die breite Masse an Unternehmen wird sicher noch der ein oder andere Proof of Concept notwendig sein. Bereits die ersten Erfahrungen mit OneDrive und Share-Point-Online bezüglich der Bereitstellungsprozesse und schneller Nutzbarkeit im Gegensatz zu OnPremise-Projektierungen begeistern mich immer wieder.

Peter Martin
Leiter des Caritas-Förderzentrums Vinzenz von Paul in Pirmasens

Changemanagement

„Wandel ist Normalität". Diese richtige Feststellung oder Beschreibung verkommt schnell zur Farce, wenn ich keine Auseinandersetzung darüber führe, was „Wandel" und „Normalität" eigentlich für mein Unternehmen bedeuten, wie ich „Wandel" begegnen will bzw. diesen gestalte. Wir betreiben Veränderungsprozesse nicht zum Selbstzweck, sondern um uns dem veränderten Umfeld anzupassen. Wenn ich die Instrumente des Change Managements, insbesondere einen Strategieprozess, betreibe, ohne eine

Gespür für meine Organisation zu haben, kann der Prozess schnell technokratisch werden und das eigentliche Ziel, das ich damit verfolge, verloren gehen. Neben der sicheren (und kreativen!) Anwendung der Instrumente strategischer Unternehmensführung brauche ich eine gute Intuition, ich muss wissen, was meine Organisation gerade braucht, wie diese „tickt" und an welchen Schlüsselstellen ich Veränderungsprozesse ansetzen kann. Die Auseinandersetzung mit der Anpassung der Organisation aufgrund externer Einflüsse verändert außerdem das Unternehmen im Inneren. Mitarbeiter, die sich mit strategischer Unternehmensführung auseinandersetzen und deren Notwendigkeit anerkennen, haben einen anderen Fokus in ihrer alltäglichen Arbeit. Sie sind sensibler für das Erkennen von notwendigen Veränderungen und können diese im besten Fall sogar selbst initiieren. In der Führung meiner Organisation muss ich aber auch unterschiedliche Veränderungen erkennen und diesen auch mit unterschiedlichen Prozessen begegnen. Große Veränderungen, wie die Veränderung einer Unternehmenskultur, brauchen Zeit und eine starke Partizipation. Auf externe Veränderungen oder innere Notwendigkeiten muss ich aber unter Umständen schnell reagieren und kann mir die „Schleifen" eines großen Veränderungsprozesses gar nicht leisten. Es spricht nichts dagegen, unterschiedliche Veränderungsprozesse in unterschiedlichen Tempi parallel zu betreiben. Es gibt nicht „die eine Lösung" für Veränderungen.

Um ein Unternehmen nachhaltig erfolgreich zu führen, braucht es außerdem eine Vision, die nicht verordnet werden kann. Eine Vision für das Unternehmen, aus der Innovation, Lern- und Leistungsbereitschaft entstehen, muss immer auch mit der „individuellen Vision" der Mitarbeiterinnen und Mitarbeiter übereinstimmen, ein Teil davon sein. Um das zu erreichen, muss ich eine Unternehmenskultur schaffen, in der Mitarbeiter die Möglichkeiten haben, „ihr" Unternehmen mit zu gestalten. In einer guten Anwendung der Instrumente des Change Managements führen diese zum Aufbau einer Lernenden Organisation: eine strategische Ausrichtung der Organisation ist selbstverständlich, das Unternehmen hat die Fähigkeit zu Selbstbeobachtung und Prognose, ein tatsächliches Team-Lernen findet statt. Wenn das die „Normalität" der Organisation ist, ist der Wandel selbstverständlich und tatsächlich normal. In „Change Management" von Doppler/Lauterburg wird ein Satz von Antoine de Saint-Exupéry zitiert, der das alles in einem wunderbaren Bild zusammenfasst: „Wenn du ein Schiff bauen willst, fang nicht an, Holz zusammenzutragen, Bretter zu schneiden und Arbeit zu verteilen, sondern wecke in den Männern die Sehnsucht nach dem großen, weiten Meer."

Michael Denzler

SharePoint Consultant

http://blog.denzman.com | @denzman

Ich glaube, dass die optimale Lösung noch immer nicht gefunden ist. Die Seitennavigation ist es jedenfalls nicht. Ich habe mein eigenes Nutzungsverhalten überprüft. Dabei habe ich festgestellt, dass ich die Seiten über Suchfunktionen aufrufe. Das kann die Suche einer Internet-Suchmaschine sein, aber auch die Suche des Betreibers der Webseite. Wortvorschläge oder Autovervollständigung finde ich dabei sehr nützlich, um die richtigen Inhalte zu finden. Die eigentliche Seitennavigation dagegen verwende ich kaum. Besonders interessant finde ich die Beobachtung an mir selbst, dass meine in den letzten Jahren gesammelten Bookmarks inzwischen gänzlich überflüssig sind. Entweder ich weiß die Adresse sowieso, weil ich dort täglich vorbeischaue, oder ich benutze eine Suchmaschine. Eine Suchmaschine hat zudem den Nutzen, dass ich möglicherweise bei der erneuten Suche eine neue interessante Seite zu einem Thema finde. So wie ein „Digital Native" sich heute wundert, warum das Speichern-Symbol (Diskette) so seltsam aussieht, und vor allem kann ich mir gut vorstellen, dass sich zukünftige Generationen darüber wundern, warum 1/3 einer Website für eine Navigation verwendet wird. Immerhin braucht man die nur, um den Ziel-Inhalt zu finden, und dann eigentlich nicht mehr. Momentan sieht man, dass wieder vermehrt Microsites genutzt werden. Sowas gab es vor 10 Jahren schon einmal, eher im privaten Umfeld, meistens war es ein Steckbrief zur eigenen Person. Heute nutzten es auch Unternehmen, um die wichtigsten Informationen zu einem Thema dort unterzubringen. Finden kann man diese Microsites dann wiederum oft über Suchmaschinen. Allerdings gibt es einen recht wichtigen technologischen Grund, warum man auf einer Website eine Navigation einsetzt. Suchmaschinenoptimierung! Nur wenn etwas verlinkt ist, wird es auch von der Suchmaschine gefunden. Da externe Links heiß begehrt und eher Mangelware sind, tut man sein Bestes und verlinkt wenigstens innerhalb einer Website seine Unterseiten miteinander über die Navigation. Es gibt Alternativen, wie z. B. Site Maps. Bei Blogs funktioniert das einfach, indem auf der ersten Seite alle Blog-Artikel nacheinander aufgelistet und verlinkt sind. Damit spart man sich dort eine Navigation. Aber letztendlich ist die Navigation nur ein Relikt aus der Vergangenheit. Das Portal als solches ist ja nur ein Durchgang, und wie in der realen Welt benötigt man etwas zur Orientierung, wenn man durch eine Tür, oder ein Portal gegangen ist. Viele Dinge in der IT wurden zu Beginn irgendwie an die reale Welt angelehnt, der Papierkorb für gelöschte Dokumente, die Diskette für Speichern, die Maus, weil sie so aussieht, und vieles mehr. Es ist an der Zeit umzudenken, und das Thema ganz neu anzugehen. Wir müssen experimentierfreudiger werden und auch mal etwas riskieren.

Andrej Doms
SharePoint pTSP Deutschland
http://sharepoint-rhein-ruhr.de | @sprheinruhr

Ist die schöne neue soziale und kollaborative Art zu arbeiten die Lösung für alle Probleme? Sind Unternehmen nur erfolgreich und vollständig, wenn sie umfangreiches Wissensmanagement und informationelle Erlebniswelten bereitstellen? Seit 1997 beschäftige ich mich mit Zusammenarbeit und der Sammlung und Aufbereitung von Wissen in Unternehmen, zunächst in der Lotus, dann der IBM und zuletzt in der Microsoft Technologiewelt. Die wichtigen und großen Fragen und Herausforderungen haben sich seitdem eigentlich nicht geändert. Wie kann man Wissen für große Gruppen erschließbar machen, urbar für fruchtbare Innovationskultur, wie überzeugt man Menschen von der Notwendigkeit des Teilens und Bewahrens ihres Wissens, wie entsteht eine Kultur des Scheiterns und

Lernens, wie gelingt offene und befruchtende Kommunikation? Genauso lange, wie sich Menschen diesen Fragen stellen, scheitern wir grandios an der Lösung. IT Experten treiben ambitionierte Technologieprojekte, Kommunikationswissenschaftler treiben den Kulturwandel, empfehlen und analysieren, Softwareentwickler entwickeln immer ausgefeiltere Lösungen und Change Manager organisieren und reorganisieren, in immer schnelleren Zyklen.

Merken Sie was? Hat man Ihnen auch schon ein Utopia versprochen, dass es so nie gegeben hat? Haben Sie sich auch schon gefragt, warum diese Visionen toll sind, aber so selten eintreffen?

Die Antwort ist ganz einfach ... wir nehmen uns keine Zeit mehr. Utopia muss heute gebaut werden, in diesem Fiskaljahr, während meiner Amtszeit, noch im Rahmen dieser Reorganisation. Veränderungen brauchen Zeit. Viele kleine Schritte ergeben ein großes Ganzes. Da werden ausgefeilte Social Networks gebaut, die niemand nutzt, Dokumentengräber, die verwaisen, Wikis, in denen nach ein paar Wochen niemand mehr schreibt oder liest. Aber die einfachen Probleme, die einfachen Lösungen, die kleinen Schritte, gehen wenige.

In all dem Utopia wird der Mensch vergessen. Er steht im Zentrum, er hat das Wissen, er liefert die Ideen, er schafft, formt, lernt.

Nur wenn alle Disziplinen hinter dem Ganzen zurücktreten, zusammenarbeiten und den Mensch in den Mittelpunkt des Denkens und Arbeitens stellen, dann werden diese Projekte erfolgreich sein. Nur wenn man den Menschen Zeit gibt, werden sie lernen, diese neuen Werkzeuge urbar zu machen, sich an diese neue Arbeitsweise zu gewöhnen. Niemand läuft sofort einen Marathon, besteigt den Mount Everest an einem Tag, umrundet die Welt mit einem Klick.

Ich komme aus der IT und unser Beitrag sollte sein, uns weniger wichtig, weniger als heilbringende Technologie-Experten zu positionieren, ohne die nichts läuft. Wir sollten den Menschen einfache und überschauba-re Lösungen an die Hand geben, die ihr Leben bereichern. Nicht die Eier legende Wollmilchsau, sondern einfache, elegante Werkzeuge, die einem eindeutigen und erkennbaren Zweck dienen. Moderne Lösungen wie DE-LVE oder Clutter oder simple aber faszinierende Mobile Apps scheinen simplifiziert und reduziert im Funktionsumfang. Aber sie sind beherrsch-bar, lösen Probleme und machen unser Leben immer ein kleines Stückchen leichter. Sie treten in den Hintergrund und überlassen dem Menschen die Schöpfung, das Denken, sie unterstützen unbemerkt.

So stelle ich mir meine Arbeits- und Informationswelt von morgen vor. Unbemerkt, unterstützend und evolutionär in kleinen Schritten. Be-herrschbar, leicht verständlich und frei von vordergründiger Technologie.

Prof. Dr. Daniel F. Abawi
Hochschule für Technik und Wirtschaft des Saarlandes

Anmerkung des Buchautors:
Die Fallstudie von Herrn Prof. Dr. Daniel Abawi zeigt sehr schön, dass die in diesem Buch beschriebenen Ansätze und Strategien nicht nur in der Microsoft Welt Einzug halten. Das hier aufgezeigte Szenario setzt gänzlich auf nicht-Microsoft Systeme auf, folgt dabei aber trotzdem der Architektur von unabhängigen Services, die über eine lose Koppelung und Interaktion deutliche Mehrwerte für Anwender und betriebliche Prozesse generieren. Solche System- und Lösungsarchitekturen sind plattformübergreifend um-setzbar.

Integrative und kontext-basierte Daten- und Informationsnutzung

Auch bei betrieblichen Applikationen geht der Trend zur Präsentation auf Basis von Webtechnologien. Dies bietet viele Vorteile. Zum einen sind Browser auf jedem System verfügbar. Zum anderen sind solche Inhalte von jedem Ort und unabhängig vom verwendeten Geräte zugreifbar. Schließlich bieten moderne Webtechnologien (wie u. a. HTML5) vielfältige Möglichkeiten der Integration von Inhalten von Fremdanbietern (auch in Form von sogenannten *Widgets*). So nutzen heutige Informationsportale gängige Webtechnologien um die in ihnen gespeicherten oder integrierten Informationen darzustellen.

Der Stellenwert der Informationsintegration

Viele Softwareanwendungen sind heutzutage technologisch nicht monolithisch aufgebaut, sondern sie bieten häufig Möglichkeiten Daten oder gar Sichten von Fremdanwendungen (3rd-Party-Applikationen) in die Zielapplikation zu integrieren. Technisch gesehen geschieht dies im Kontext der Datenintegration z. B. über Webservices. Zur Integration von Sichten bieten Webstandards Möglichkeiten, z. B. über Container, iFrames.

Insbesondere Portallösungen fokussieren mannigfaltige Möglichkeiten der Daten- und Sichtenintegration, um dem Benutzer den Eindruck einer ganzheitlichen Unternehmensanwendung zu vermitteln. Nachfolgend wird dieser Ansatz erörtert, um eine Integration zwischen einem ERP-System (Enterprise Resource Planning) und einem EIM-System (Enterprise Information Management bzw. Enterprise Content Management) zu realisieren.

Von ERP- und EIM-Systemen

Die Mehrzahl der Unternehmen steuern und planen ihre Arbeitsabläufe und Prozesse durch ERP-Systeme, beispielsweise durch Lösungen aus dem Hause SAP. Ein solches ERP-System beschleunigt und unterstützt die Prozesse der meisten Funktionsbereiche (z. B. Ein- und Verkauf, Rechnungswesen, Personal, Logistik usw.) durch eine funktionsübergreifende und unternehmensweite Datenbasis.

Auf der anderen Seite vertrauen die Unternehmen ihre wertvollen Informationen und Daten sogenannten EIM- bzw. ECM-Systemen an, beispielsweise Lösungen von OpenText. Die Systeme vereinen Konzepte und

Technologien für Aspekte der Erfassung, Bearbeitung und Speicherung sämtlicher unternehmensrelevanter digitaler Informationen und unter Berücksichtigung des gesamten Lebenszyklus der Informationen. Mögliche Teilaspekte sind z. B. die Erfassung (Imaging / Capturing), die Verwaltung in unternehmensweiten Repositorien, die Verteilung und Veröffentlichung oder die Sicherung und Archivierung, die häufig aufgrund regulatorischer Maßgaben erforderlich sind (Stichwort Compliance).

Zwei Systeme mit unterschiedlichem Fokus

Sowohl ERP- als auch EIM-Systeme haben ihre individuellen Stärken und eine bestimmte inhaltliche Fokussierung. So behandeln ERP-Systeme vorranging strukturierte Daten, die aus sehr vielen einzelnen Transaktionen stammen bzw. in diesen verwendet werden. Dagegen stehen bei EIM-Systemen unstrukturierte Daten und Informationen im Fokus, in erster Linie Dokumente und E-Mails mit natürlichsprachigen Textinhalten (z. B. Verträge, Präsentationen, Kalkulationsmappen), aber auch CAx-Dateien und multimediale Inhalte.

Zwei isolierte Datenpools und andere Nutzungsbarrieren

Traditionell gibt es in einem Unternehmen für das ERP- und für das EIM-System jeweils eine eigene und zumeist isolierte Datenbasis. Dies an sich widerspricht bereits der Zielsetzung der beiden Systeme Datenkonsistenz gewährleisten zu wollen. Weiterhin unzureichend und aus Benutzersicht unbefriedigender sind jedoch die Möglichkeiten aus dem ERP-System und während der Bearbeitung einer Transaktion auf Daten und Informationen des EIM-Systems zuzugreifen oder diese einzusehen. So ist es beispielsweise nicht möglich aus dem ERP-System auf einen Anhang eines elektronischen Schriftwechsel zwischen einem Kunden und dem Unternehmen zuzugreifen, der innerhalb des EIM-System abgelegt wurde.

Integrative Daten- und Informationsnutzung von Inhalten des OpenText Content Servers in anderen Systemen

Im Rahmen einer Forschungsarbeit hat der Autor ein Konzept erarbeitet, wie man Inhalte eines OpenText Content Servers als EIM-System in einem ERP-System kontextsensitiv und voll integriert nutz- und zugreifbar macht.

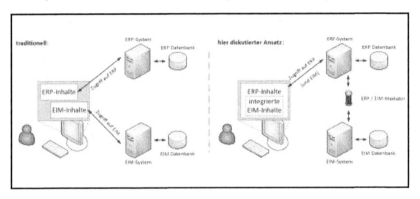

Abbildung 1: Traditionell wechseln Benutzer häufig zwischen der ERP-bzw. EIM-Applikation, um Informationen einzusehen. Der hier vorgestellte Ansatz integriert die Informationen aus dem EIM-System nahtlos in die Oberfläche des ERP-Systems.

Die Inhalte aus dem OpenText Content Server werden in das Erscheinungsbild und User-Interface der ERP-Lösung integriert (siehe Abbildung 2). Weiterhin können auch Funktionalitäten des EIM-Systems innerhalb des ERP-Systems angeboten werden, z. B. das Hinzufügen neuer Korrespondenz oder die unternehmensweite Suche in bestehenden Inhalten (siehe Abbildung 3).

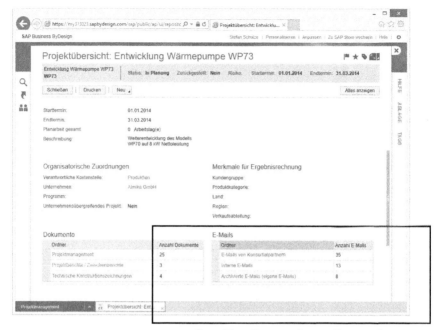

OpenText Content Server-Integration

Abbildung 2: Nahtlose Integration von kontextrelevanten Informationen aus dem Content Server in ein ERP-System mit unmittelbaren Zugriffsmöglichkeiten auf die Inhalte des OpenText Content Servers.

Die Effektivität beider Systeme in einer Benutzungsoberfläche

Der Endbenutzer erlangt dadurch den Eindruck und die Vorteile einer unternehmensweiten Datenbasis, obwohl die Daten weiterhin separat in dem jeweiligen System verarbeitet und vorgehalten werden. Weiterhin sind die Benutzer des ERP-Systems nicht mehr gezwungen zwischen der ERP- und der EIM-Applikation hin- und herzuwechseln und sich die erforderlichen Dokumente bzw. Informationen mühevoll durch Recherchen im OpenText Content Server zu suchen. Abbildung 4 zeigt, wie ein auf dem OpenText Content Server gespeichertes Dokument innerhalb der ERP-Applikation integriert dargestellt wird und dadurch für den Benutzer direkt zugreifbar ist.

Erweiterte OpenText Content Server-Integration

Abbildung 3: Erweiterte Integration von EIM-Funktionalitäten in das User-Interface des ERP-Systems.

Systemübergreifende Verknüpfung zusammengehöriger Daten

Bei dem hier skizzierten Ansatz wird der Zusammenhang der Daten des ERP- bzw. EIM-Systems automatisiert hergestellt. Anschließend werden im ERP-System einige Metainformationen über die im OpenText Cont-

_179_

ent Server vorhandenen und im Zusammenhang stehenden Daten angezeigt. Gleichzeitig werden damit dem ERP-Benutzer bequeme und zugleich
sichere Zugriffsmöglichkeiten auf die Weboberfläche des OpenText Content Servers geboten, zielgerichtet auf das jeweilige Dokument.

Die Vorteile des Ansatzes sind vielfältig. Durch die Einbettung in das
User-Interface des entsprechenden ERP-Systems können die Benutzer
weiterhin ihr führendes System auf die von ihnen bevorzugte Art nutzen,
ohne jegliche Medienbrüche. Gleichzeitig wird jedoch die Informations-
basis durch diesen Ansatz enorm erweitert. Sämtliche Informationen des
EIM-Systems – verstanden als unternehmenszentrales Ablage-, Speiche-
rungs- und Kollaborationssystem – können dadurch nutzenbringend in
die vom ERP-System gesteuerten betrieblichen Abläufe und Transaktionen
eingebracht werden.

Umsetzung für OpenText Content Server und SAP Business By Design

Das skizzierte Konzept wurde exemplarisch für den OpenText Content
Server als EIM-System und für das ERP-System SAP Business ByDesign
umgesetzt. Das System ist in weitem Maße anpassbar und erweiterbar. So
bestehen beispielsweise auch Möglichkeiten der Integration der Informationen des OpenText Content Servers in andere Systeme und Plattformen,
u. a. zur Integration auf weitere Informationsportale oder auf mobile Geräte.

Vorteile und Nutzen der Integrationslösung

Dadurch begegnet man den Wünschen und Anforderungen der Mitarbeiter
den Einsatz und den Umgang mit IT-Systemen zu vereinfachen. Die Anzahl
der benötigten Applikationen wird scheinbar reduziert, ohne Kompromisse
machen zu müssen. Die Anwender nutzen die von ihnen favorisierte Appli-
kation (in dem Beispiel das ERP-System) oder das unternehmensweit vorgegebene Informationsportal. Gleichzeitig haben sie jedoch weiterhin einen
integrierten und bequemen Zugriff auf die wertvollen Informationsressourcen
ihres zentralen OpenText Content Servers (Dokumente, E-Mail, Records Ma-

Abbildung 4: Eine Übersicht der kontextrelevanten Inhalte des Open-Text Content Servers wird innerhalb des ERP-Systems dargestellt und der Benutzer erhält direkt eine Voransicht des ausgewählten Dokuments.

nagement etc.). Die Anwender erhöhen durch die nahtlose Integration und den direkten Informationszugriff ihre Produktivität und verbessern ihre Effizienz. Gleichzeitig muss man nicht auf die etablierten Funktionalitäten von Spezialanwendungen verzichten, wie beispielsweise eines EIM-Systems. Z.B. können dadurch die Abbildung und Einhaltung spezifischer Governance- und Compliance-Regulatorien sowie individueller Unternehmensanforderungen weiterhin realisiert werden. Kombiniert und ergänzt um die Vorteile, die heutige Portallösungen mit sich bringen.

Über den Autor

Prof. Dr. Daniel F. Abawi – Professor für Informatik mit Schwerpunkt Wirtschaftsinformatik an der Hochschule für Technik und Wirtschaft des Saarlandes

THX

Die Zielgruppe, wer liest das Buch, welche Erkenntnisse kann der Leser daraus gewinnen, überleg dir eine Kernbotschaft usw. – das waren die Tipps die mir fürs Schreiben mit auf den Weg gegeben wurden. Hab ich mich daran gehalten? Nein – ich wollte einfach schreiben!

Nachdem die Entscheidung gefallen war fing ich an, alles was mich rund um meine Arbeit als Technologie-Berater bewegt und in den Sinn kommt, aufzuschreiben. Die besten Gedanken kommen einem dabei selten dann, wenn man gerade am Schreibtisch sitzt und die Gelegenheit günstig ist, sie aufzuschreiben. Ich habe einige Autobahnparkplätze angefahren, weil mir spontan etwas einfiel was ich unbedingt sofort notieren wollte. Radtouren wurden unterbrochen, um einen Gedanken im OneNote auf dem Handy festzuhalten und sogar auf meinem Nachtisch lag ein Notizzettel um spontane Geistesblitze zu Papier zu bringen. Am Ende stand ein großer Haufen von Ideen, Themen und angefangenen Sätzen die geordnet und strukturiert werden mussten.

Wenn die Struktur und die Kapitel mal feststehen ist der Rest nur noch halb so schwer – naja, also unterschreiben würde ich das so nicht; die Arbeit ging dann erst so richtig los.

Alles in allem muss ich sagen, wenn ihr beim Lesen nun halb so viel Spaß hattet wie ich beim Schreiben, hat sich der Aufwand auf jeden Fall gelohnt.

Aber Aufwand hatte ja nicht nur ich. Vor allem möchte ich meinem Vater danken, der mich schon während der Entstehung der Texte mit Tipps und Korrekturen unterstützt hat. Das erste Lektorat hat meine gute Freundin Tatjana Seebach übernommen. Tatjana hat mir schon in vielen schwierigen Situationen geholfen, aber das war ganz sicher eine der außergewöhnlichsten und arbeitsintensivsten. Das zweite Lektorat wurde von Martha Peplowski durchgeführt. Dafür, dass wir uns nur beruflich kannten, freu ich mich umso mehr über ihre bereitwillige Unterstützung.

Danken möchte ich auch Kerstin Rachfahl, Damir Dobric und meinem Bruder Michael Borell für ihre Tipps, Zuarbeiten und ihr Feedback.

Schon sehr früh hatte ich die Idee, das Thema aus ganz verschiedenen Blickwinkeln zu beleuchten und in diesem Kontext auch Andere in meinem Buch zu Wort kommen zu lassen. An dieser Stelle meinen Dank an:

Dr. Claudia Eichler-Liebenow: Ich freu mich dass du einen Text eingebracht hast – gerade und obwohl wir nicht unbedingt einer Meinung beim Thema sind. Dieses Thema lebt von seiner Vielschichtigkeit.

Samuel Zürcher: Ich musste dich fast gar nicht 100-mal darum bitten ;-). Es freut umso mehr, dass du trotz deiner knappen Zeit etwas beigesteuert hat. Ich wünsch dir und deiner Familien alles Gute!

Christian Glessner: Vielen Dank für deinen gelungenen Text, den ich als Vorwort verwendet habe.

Michael Denzler: Ein Text, der mir sehr gut gefällt, weil er aus der Perspektive des Anwenders geschrieben ist. Danke dafür.

Martina Grom und Toni Pohl: Ich kenne kaum jemanden, der weniger Zeit hat als Martina. Umso mehr freut es mich, dass ihr einen Beitrag geleistet habt. Auf weitere gute und erfolgreiche Zusammenarbeit!

Axel Opermann: Vielen Dank Axel für deine perspektivische Darstellung und Analyse. Ich freu mich auf die Zusammenarbeit mit dir, auch wenn du mich bei unserer ersten Begegnung ganz schön durch die Mangel gedreht hast. ;-)

Prof. Dr. Daniel Abawi: Ein sehr interessanter Artikel, der aufzeigt, dass die in diesem Buch beschriebenen Ansätze und Lösungen nicht nur auf die Microsoft Welt beschränkt sind. Danke dafür.

Herr Fischer: Da sprechen viele Jahre an Erfahrung aus Ihrem Beitrag. Danke für Ihren Text.

Prof. Dr. Stoll: Sie haben mich mit Ihrem Vortrag „pulling value out of bits" sehr inspiriert. Es freut mich, dass Sie ein paar Zeilen für das Buch geschrieben haben.

Peter Martin: Peter, du bist der Exot unter den Gastautoren – umso mehr schätze ich deinen Beitrag zu Thema.

Simone Bach & Dr. Michael Rath: Danke für einen sehr wertvollen Beitrag und Ihren Input zu meinem Text. Ich würde mich sehr freuen, auch mal im Rahmen eines Projekts mit Ihnen zusammen zu arbeiten.

Lars Natus: Lars hat keinen Text beigesteuert, von ihm stammen die Skizzen und Zeichnungen im Buch. Danke Lars!

Andrej Doms: Sonntagabends um 21:36 Uhr kam dein Text bei mir an. Vielen Dank und weiterhin auf gute Zusammenarbeit.

Das Schreiben der Texte war das eine – aber ich brauchte ja auch ein Cover, ein Design und gesetzt und veröffentlicht musste das Ganze ja auch noch irgendwie werden. Ich danke Lynn Harles für die kurzfristige und engagierte Hilfe beim Designansatz, Gestalten der Webseite und Visiten-karten. Du hast mich wirklich aus einer Notsituation gerettet.

Das Coverdesign und der Buchsatz wurde von Jeannette Zeuner und ihrer Firma Book Designs umgesetzt. Frau Zeuner, für Ihre Tipps und Ratschläge zum Veröffentlichungsprozess möchte ich mich herzlich bedanken.

Nicht zuletzt möchte ich natürlich auch meiner Freundin Denise danken, dafür, dass sie sich nie beschwert hat, wenn ich mal wieder im Büro saß und getippt habe, anstatt Zeit mir ihr zu verbringen. Danke dafür!

… und, ich glaube das war nicht das letzte Buch ;-) Die Idee für das nächste ist schon geboren!

Quellen Verzeichnis

1. Bis zum Äußersten – von Bennie Lindberg, ISBN-13: 978-3831602032
2. Das Foucaultsche Pendel – von Umberto Eco, ISBN-13: 978-3423115810
3. Null – von Adam Fawer ISBN-13: 978-3499256486
4. Was mehr wird, wenn wir es teilen – von Elinor Ostrom, ISBN-13: 978-3865812513
5. Die paranoide Maschine – Computer zwischen Wahn und Sinn von Peter Krieg, ISBN-13: 978-3936931181
6. Die fünfte Disziplin: Kunst und Praxis der lernenden Organisation – von Peter M. Senge, ISBN-13: 978-3608913798
7. Die Kunst, Fehler zu machen – von Manfred Osten, ISBN-13: 978-3518417447
8. Das Phantom im Netz – von Kevin Mitnick, ISBN-13: 978-3868832006
9. Change Management: Den Unternehmenswandel gestalten – von Klaus Doppler und Christoph Lauterburg, ISBN-13: 978-3593500478
10. Die Logik des Misslingens – Strategisches Denken in komplexen Situationen – von Dietrich Dörner, ISBN-13: 978-3499193149

Über den Autor

Nicki Borell ist seit vielen Jahren erfolgreich in der IT-Branche tätig. Arbeitsumfeld sind sowohl KMU als auch Enterprise-Umgebungen und der Bereich behördlicher Datenhaltung. Als Berater und Trainer liegt sein Fokus auf dem Microsoft Technologie Stack. Seit 2010 ist Nicki Borell zusammen mit dem Team von Experts Inside in den Bereichen SharePoint, Office 365, SQL Server und Windows Azure tätig. Dabei erstrecken sich die Tätigkeitsfelder vom technischen Consulting über Projektmanagement bis hin zur strategischen Beratung. Nicki Borell ist Microsoft zertifizierter System Engineer, Database Administrator, IT-Professional und Microsoft MVP für SharePoint Server.

Web: www.sharepointtalk.net
Twitter: @nickiborell